Y LOS HOMBRES SE QUEMARON CON EL GRAN CALOR

FRANCISCO LÓPEZ

Y LOS HOMBRES SE QUEMARON CON EL GRAN CALOR

ʁola
PUBLISHING
INTERNACIONAL

ola
PUBLISHING
INTERNACIONAL

Hola Publishing Internacional
Eugenio Sue 79, int. 4, Col. Polanco
Miguel Hidalgo, C.P. 11550
Ciudad de México, México

Primera edición, Julio 2024
ISBN: 978-1-63765-653-2

Hola Publishing Internacional es una empresa de autopublicación que publica ficción y no ficción para adultos, literatura infantil, autoayuda, espiritual y libros religiosos. Continuamente nos esmeramos para ayudar a que los autores alcancen sus metas de publicación y proveer muchos servicios distintos que los ayuden a lograrlo. No publicamos libros que sean considerados política, religiosa o socialmente irrespetuosos, o libros que sean sexualmente provocativos, incluyendo erótica. Hola se reserva el derecho de rechazar la publicación de cualquier manuscrito si se considera que no se alinea con nuestros principios. ¿Tiene una idea para un libro que quisiera que consideremos para publicación? Por favor visite www.holapublishing.com para más información.

ÍNDICE

Introducción   9

Impacto   11

Ejemplos de futurizaciones cumplidas   17

¿Hacia dónde escapar?
¿Cuál es el refugio seguro?   21

La única salvación no se ve   23

Así es, la única salvación es a través de la fe   25

Seguro del viajero para la eternidad,
de esta forma aseguramos nuestra vida   27

Esta es nuestra fe salvadora   31

Los cinco continentes   35

Carestía   37

Ascensiones   51

Ascensión perfecta   53

"El Sol calentará siete veces más"   59

Entonces, ¿qué va a pasar en 2023 con el sol?   63

¿Dónde está, entonces, la escapatoria?   67

Venimos del Omnipotente Dios   71

No perecerán jamás   73

"Ni nadie las arrebatará de mi mano"   77

Reina Jesucristo sobre la muerte   85

Arbitrio libre   87

¡Alguno dirá que Dios no habla!   93

Grandes calores   97

Coincidencias entre la ciencia y la Santa Biblia   101

La Biblia dice, anuncia, profetiza   105

Reflexión certera   111

Bibliografía   113

INTRODUCCIÓN

"Y los hombres se quemaron con el gran calor, y blasfemaron el nombre de Dios, que tiene poder sobre estas plagas, y no se arrepintieron para darle gloria" (Apocalipsis 16:9).

"Y los hombres se quemarán con el gran calor…" ¡Qué tremendo está esto, porque aquí dice: "Y los hombres se quemarán con el gran calor…".

"Y se juntaron los sátrapas, los gobernadores, los capitanes y los consejeros del rey, para mirar a estos varones, cómo el fuego no había tenido poder alguno sobre sus cuerpos, ni aun el cabello de sus cabezas se había quemado; sus ropas estaban intactas, y ni siquiera olor de fuego tenían" (Daniel 3:27).

"Cuando pases por las aguas, yo estaré contigo; y si por los ríos, no te anegarán. Cuando pases por el fuego, no te quemarás, ni la llama arderá en ti" (Isaías 43:2).

Entonces, "los hombres se quemaron con el gran calor", y pues quemarse no es lo mismo que evaporarse o diluirse, no, porque evaporarse es diluir la vida por un golpe de calor, se asfixia la vida, se evapora, el alma se va, se escapa la vida, pero el cuerpo, el cadáver queda juntamente con el cabello, ropas, calzado, olor y color pálido pero ese color u olor a muerto queda. Si abundamos un poco más en este aspecto de que "los hombres se quemaran con el gran calor", pensamos o decimos que con el gran calor los hombres se deshidrataron, su cuerpo adelgazó, perdieron energía y cayeron enfermos en cama o en un hospital. Así como hoy en día vemos las frutas cómo se queman con el sol, o la misma hierba, que quedan chupadas sin fruto, o los árboles quemados.

IMPACTO

Lo impactante aquí es que dice , "y los hombres se *quemaron*"; quemarse es achicharrarse, es carbonizarse, es reducir el cuerpo, como cuando se crema un cadáver en la morgue. Si el cadáver se quemó y los huesos también, es obvio que los vellos y el pelo también. Podemos pensar que es el fin del ser viviente. Así como hoy, según medios masivos de información, muchas personas han muerto por golpes de calor, aunque sabemos que hay regiones en la tierra donde existen diferentes tipos de clima y también que existen muchas cuevas muy frescas, o sótanos donde hay refugios a causa del astro rey.

Platicando un poco de lo mucho que nuestro Dios y Salvador Jesucristo quiere que tengamos una buena comunicación con Él, ya que Él desea platicar con la humanidad y por eso nos habla —"Sin embargo, en una o en dos maneras habla Dios; pero el hombre no entiende" (Job 33:14)— le preguntaban que, hablando en términos humanos, como dice el apóstol San Pablo donde habló como hombre —Libro de Romanos— le dije, Dios, ¿cómo puede el hombre escapar de este gran calor?, y él a mi mente trajo estas palabras para que el hombre pueda escapar un poco del gran calor, aunque no de quemarse: "El ser humano debe, y sí puede, construir techos gruesos, con paredes gruesas y puertas gruesas a manera de que los rayos del sol no entren, así como la gente se protege con sus ropas largas, desde la cabeza hasta la punta desde sus pies, y ropas gruesas con telas y colores claros, repelentes del gran calor. Así también construyan sus viviendas".

Pues bien, esta instrucción que nuestro Señor Salvador Jesucristo nos ha revelado, yo veo que absolutamente coincide con los escondites hechos por el Creador, como las regiones de clima frio a donde los seres vivos huimos cuando el medio ambiente lo exige: si hace frío, al sur, y si hace calor, al norte. También el Creador hizo cuevas grandes, medianas y pequeñas. ¿Por qué especificamos cuevas *grandes*? Bueno, porque sabemos que hay grandes grutas, grandes grietas, grandes cavernas, laberintos, etc. ¿Por qué especificamos cuevas medianas? Porque en ellas viven los murciélagos, serpientes y otros animales. ¿Y por qué especificamos cuevas pequeñas? Porque pueden ser fosas para cadáveres, pero éstas pequeñas cuevas también nos sirven de recurso contra el gran calor, entonces nos damos cuenta de que las viviendas con techos y muros gruesos cubren un poco a los seres vivientes de este gran calor, así también de quemarse, porque lo que está escrito tiene su cumplimiento. "El cielo y la tierra pasarán, pero mis palabras no pasarán" (San Mateo 24:35). Como dice en el libro de Amos (9:2): "Aunque cavasen hasta el Seol, de allá los tomará mi mano; y aunque subieren hasta el cielo, de allá los haré descender". Entonces, si cavasen hasta el Seol —Seol significa "lugar de los muertos"—pensará la mente humana que así escapa, como lo que pasa en estos tiempos cuando algunos potentados se hacen grades banqueros, poniendo ahí su esperanza, su fe de salvación, mirando que este mundo día con día se hunde más y la maldad aumenta, como dice la biografía de nuestro Señor Jesucristo en el libro de San Mateo 24:4-8:

> *Respondiendo Jesús, les dijo:*
> *Mirad que nadie os engañe.*

> *Porque vendrán muchos en mi nombre, diciendo:*
> *Yo soy el Cristo; y a muchos engañarán.*

> *Y oiréis de guerras y rumores de guerras;*
> *mirad que no os turbéis, porque es necesario*
> *que todo esto acontezca; pero aún no es el fin.*

> *Porque se levantará nación contra nación,*
> *y reino contra reino; y habrá pestes,*
> *y hambres, y terremotos en diferentes lugares.*

> *Y todo esto será principio de dolores.*

En este mundo todo ser viviente, llámese reino de las aves, está muriendo por el gran calor, o el reino de los peces, desfallecidos por el cambio de clima, y el reino de los seres humanos, muertos por el golpe de calor y en muchos lugares muriendo por la falta de agua para el consumo, ya que los destruidores de este mundo han acabado con los mantos acuíferos, los han acaparado, contaminado y secado para ocupar sus aguas en las grandes compañías refresqueras, cerveceras, etc. Han contaminado el agua con insecticidas, plaguicidas, etc. A los pollos, vacas, ovejas, etc., los hacen crecer a la fuerza, fuera de su tiempo.

Observamos que, lamentablemente, en este gran paraíso que el Creador hizo con ríos, mares, lagunas de aguas limpias y cristalinas de donde bebíamos sin filtrar todos los seres vivos como aves, peces, insectos y los humanos, etc., observamos con tristeza cómo llegó la "civilización", como llegó la urbanización a las ciudades con enormes rasca cielos, acabando con este paraíso que el Creador había hecho, con extensiones territoriales de hierba verde y fresca, bosques maravillosos llenos de mariposas, conejos, liebres y muchas más clases de vida; la hermosa flora también, sus grandes olores de campo, árboles, olor de la hierba. Apenas nos damos cuenta y ya es tarde, la civilización nos acabó este mismo paraíso con grandes montañas, cerros, cuevas cubiertas de hierba y en época de frio cubiertas de hielo y nieve. Hoy, esos fabulosos glaciares se desvanecen porque nos los hemos acabado; por eso este paraíso deshecho.

Hoy, muchos poderosos han cavado en la tierra, otros, como turistas, pagan boleto para viajar al fondo del mar en el submarino Titán, para bajar de cuatro a seis mil en las aguas e ir a visitar al Titanic, que se hundió en la Atlántida. Viendo esto, muchos entendemos que este mundo va en picada como un tren sin frenos descendiendo de la montaña. ¿Quién lo podrá detener?

Buscando la salvación, humanamente, estos "visionarios" científicos, mirando que el fin de este mundo se acerca, buscan desesperadamente salvarse de este grande problema. El profeta Amós dice: "Aunque cavasen hasta el Seol, de allá los tomará mi mano; y aunque subieren hasta el cielo, de allá los haré descender" (9:2). Pero y qué tal si, en lugar de cavar tan profundo, mejor nos vamos para arriba, piensan los científicos, y pues en estos años la ciencia aeronáutica, nos refieren los medios masivos de comunicación, tiene cohetes espaciales en los Estados Unidos de Norteamérica, así como naves espaciales en China; han volado a la luna e intentan volar al planeta Marte; se rumora, incluso, que con vehículos no tripulados se han acercado al sol. Esto es lo que la mente humana piensa y proyecta para poder escapar.

¿Pero qué es lo que nos revela la mente del Creador de las estrellas, el Padre de la naturaleza, de la tierra, de las aguas, sí, el Padre de todo el universo? Dios hizo el universo; Él creo todo lo visible y lo no visible; de Dios padre proceden todas las cosas; nada hecho sería hecho sin Él. Esto lo sustenta y lo dice el único libro que anuncia el futuro, y además hace que se cumpla.

En la Santa Biblia encontramos:

Isaías 44:7, el anuncio de lo que viene y está por venir

Isaías 42:9, cumplidas las cosas primeras, se anuncian cosas nuevas que se harán notorias

Isaías 46:10, "Yo hablo, pienso y realizo"

Ejemplos de
Futurizaciones cumplidas

"Porque perros me han rodeado; me ha cercado cuadrilla de malignos; horadaron mis manos y mis pies", anuncia el rey David en el Libro de Salmos (22:16), y se cumple cientos de años después, en San Mateo, San Marcos, San Lucas y específicamente en el libro de San Juan (20:27). Cumplido está. Nosotros ni sabemos si viviremos para ver mañana.

"Repartieron entre sí mis vestidos, y sobre mi ropa echaron suertes", igual lo anunció el rey David en el Libro de los Salmos (20:18). Cientos de años después tiene su cumplimiento e igual en el Libro del Santo Evangelio de San Juan (19:20-23). Y bien nosotros ni sabemos si vamos a respirar mañana.

"Me pusieron además hiel por comida, y en mi sed me dieron a beber vinagre", dicho esto por el mismo rey David en su libro de los Salmos (69:21). Después de cientos de años: "Después de esto, sabiendo Jesús que ya todo estaba consumado, dijo, para que la Escritura se cumpliese: Tengo sed. Y estaba allí una vasija llena de vinagre; entonces ellos empaparon en vinagre una esponja, y poniéndola en un hisopo, se la acercaron a la boca" (Juan 19:28-19). Nosotros no sabemos qué sucederá de un momento a otro, no podemos profetizar el futuro.

"Vendrán, y anunciarán su justicia; a pueblo no nacido aún, anunciarán que él hizo esto" (Salmos 22:31). Con estas pequeñísimas pesquisas de todos los anuncios que la Santa Biblia predijo, y ha cumplido la Santa Escritura, la cual fue escrita por el dedo de Dios, el cual dice, a la letra: "Y dio a Moisés, cuando acabó de hablar con él en el monte de Sinaí, dos tablas del testimonio, tablas de piedra escritas con el dedo de Dios" (Éxodo 31:18); el Dios Omnisciente, o sea el Dios de toda sabiduría, que todo lo que dice lo hace, como ha quedado constancia en textos anteriores.

Y para más certeza de veracidad de que lo que anuncia la Santa Escritura es ciertísimo, cito algunas fieles referencias.

Ejemplos

Vemos pues cómo el Dios de toda sabiduría, del pasado, presente, y futuro nos deja escrito, aquí, en un testamento, sus enseñanzas.

Éxodo 24:12: "Y dijo: Oh Jehová, Dios de mi señor Abraham, dame, te ruego, el tener hoy buen encuentro, y haz misericordia con mi señor Abraham". Pero además de dejarnos por escrito con el dedo de Dios en las tablas de piedra y escribir Su santa ley y Sus benditos mandamientos, hoy en día, leyéndoles, esforzándonos por practicarlos, el señor Jesucristo vive en nuestros corazones. Sí, amén, y mando a sacarles copias. En el Libro de Deuteronomio (17:18) dice textualmente: "Y cuando se siente sobre el trono de su reino, entonces escribirá para sí en un libro una copia de esta ley, del original que está al cuidado de los sacerdotes levitas", amén.

Entonces vemos que el Creador del universo tiene muy bien pensada esta tierra que Él planeó y, así como diseñó, desarrolla etapa por etapa, a través de la historia de este mundo, inspirado con Su santo espíritu a diferentes hombres que vivan y plasmen sus testimonios, mandamientos, ordenanzas del Dios de toda sabiduría, la cual tiene escrito que los santos hombres de Dios han descrito en sesenta y seis libros fieles —treintainueve del viejo testamento y veintisiete del nuevo testamento de la Santa Biblia. Dice: "Porque nunca la profecía fue traída por la voluntad humana, sino que los santos hombres de Dios hablaron siendo inspirados por el espíritu de santo" (2 Pedro 1:21), sí, amén.

Pues bien, de forma, creo, sencilla, queda respaldada la fidelidad de lo que aquí está escrito, está sustentada y se va cumpliendo al pie de la letra porque, como dice el libro de San Mateo (5:18), de cierto les digo que, hasta que pasen el cielo y la tierra, ni una gota ni una tilde pasará de la ley, hasta que todo se haya cumplido.

Retomando un poco el Libro Santo de Amos (9:2): "Aunque cavasen hasta el Seol, de allá los tomará mi mano; y aunque subieren hasta el cielo, de allá los haré descender". Aquí nos damos cuenta de que, por profundo que cavásemos, de allá nos sacará el Dios Omnipotente. Y aunque subamos hasta el cielo en cohetes espaciales, naves etc., y hagamos un nido allá, desde ahí nos haría descender. Entonces, ¿a dónde escaparemos?

Pensemos en escapar de este cambio climático, del calor intenso que está quemando a todos ser vivo, llámese humanos, peces, aves, plantas, hierbas, árboles, etc.

¿Hacia dónde escapar? ¿Cuál es el refugio seguro?

E l Seol no, de allí nos saca El Omnipotente.

En el cielo no, desde allá nos hace descender.

¿En los montes? Ahí nos buscará y nos tomará.

¿En lo profundo del mar? Allí nos enviará a la serpiente y nos morderá.

¿Y si fuéremos hecho cautivos por el enemigo? Allí mandará la espada y nos matará y pondrá Sus ojos sobre de nosotros, para mal y no para bien.

Amós (9:2-5): "El señor, Jehová de los ejércitos, es el que toca la tierra y a su presencia la tierra tiembla, las piedras se parten, los montes se derrumban, los ríos se secan, las zonas árticas se derriten, el mar se calma y los vientos se apaciguan; todo se derrite a su santa presencia, porque su nombre es Jehová de los ejércitos".

Y cuando dice ejércitos, son numerosos, como el ejército de:

Éxodo 7-10	Job 33-39		Levíticos 13-14	
Ranas	Torbellinos	Calor	Tristeza	Cáncer
Piojos	Tormentas	Fuego	Insomnio	Sida
Moscas	Tornados	Inundaciones	Calentura	Ébola
Langostas	Nieve	Deslaves	Fiebre	Influencia
Granizo	Frío	Despeñaderos	Dolor	COVID
Lluvia	Granizadas	Hambres	Escalofrió	Lepra
Sangre	Huracanes	Pestes	Ansiedad	Enfermedades cardiacas
Tinieblas	Viento	Guerras	Desolación	Envidia
Ulceras	Temblores	Desesperación	Oscuridad	Codicia
Muerte	Sismos	Angustia	Miedo	Avaricia
Diablo	Terremotos	Llanto	Pavor	Divieso

Dice nuestro Salvador y Dios Jesucristo, sí, amén, que estos son algunos ejércitos que tiene reservados para el tiempo de angustia, para el día de la guerra (Job 38:23).

Esto es sin contar fieras, reptiles, plantas venenosas, etc.

La única salvación no se ve

¿Qué es la fe? Es creer en algo que no se ve, estando seguros de que existe.

Ejemplos

El COVID, un micro virus que a simple vista no se ve, y a la fecha —12 de junio de 2022— ha matado a alrededor de 6.3 millones de personas habrían fallecido a nivel mundial, según lo que sé.

Un sembrador sale al campo y prepara su tierra con la convicción de que, al enterrarla, su semilla va a brotar, crecer y va a cosechar lentejas, frijol, maíz, etc., según la semilla. E igual pasará con el hueso de cualquier fruto que se plante en buena tierra: el hombre tiene la creencia y así es, con el tiempo comerá lo que sembró.

La fe es como un embrión que la primeras semanas no se ve, pero desde la primera, segunda, tercer semana ya está la semilla ahí, no se ve, pero la mamá sabe que es un bebé. Para la familia o vecinos no se ve al comienzo, pero con el paso del tiempo, en el quinto o sexto mes, se ve el abultamiento del vientre materno, pero el producto no, entonces, aunque no se ve a simple vista si es varón o hembra, con seguridad y en esperanza se tiene la convicción de que abrazarán a un pequeño. Lo mismo ocurre con Dios, Nuestro Salvador Jesucristo, en Romanos 14:9 y San Juan 3:6: "El mismo enemigo no lo vemos, pero vemos cuánta maldad hace". Es, pues, la fe, la certeza de lo que se espera, la convicción de lo que no se ve.

Así es, la única salvación es a través de la fe

Ya asentamos que, para arriba, en las estrellas, no hay salvación, desde allá nos bajará, e igualmente hemos asentado que cavando para abajo, hasta el Seol, de allá también nos sacará; o si nos escondiéramos en lo profundo del mar, allá enviará la serpiente y nos morderá. También en los montes, ahí nos buscará.

¿Entonces cómo nos salvaremos?

"Que, si confesáramos con nuestra boca que Jesús es el señor, y creemos en nuestro corazón que Dios lo levantó de los muertos, somos salvos" (Romanos 10:9), sí, amén. "Porque con el corazón se cree para justicia, pero con la boca se confiesa para salvación", (Romanos 10: 10).

Así, aunque nos caiga un misil, una pandemia, un temblor, etc., creemos y confesamos, más aún si no se puede hablar por algún accidente, o que se encuentre entubado, entonces con el pensamiento decimos: Perdónanos, Señor, en tus manos encomendamos nuestro espíritu y a nuestra familia, nuestros bienes, y perdónanos también.

Seguro del viajero para la eternidad, de esta forma aseguramos nuestra vida

"Le dijo Jesús: Yo soy la resurrección y la vida; el que cree en mí, aunque esté muerto, vivirá. Y todo aquel que vive y cree en mí, no morirá eternamente. ¿Crees esto?", (Juan 11:25-26). Como vemos, la única puerta de salvación es Dios nuestro Jesucristo: "Jesús le dijo: Yo soy el camino, y la verdad, y la vida; nadie viene al Padre, sino por mí", (Juan 14:6).

Más aseveraciones de salvación por fe

En épocas del rey Nabucodonosor, hubieron tres jóvenes hebreos: Sadrac, Mesac y Abed-nego. Nabucodonosor reinaba en la provincia de Babilonia —la Santa Biblia lo registra como rey de reyes, teniendo gran y fuerte imperio— y, pues bien, este rey se hizo una gran estatua de oro —su altura era de treinta metros, casi tres postes de luz, y tres metros de ancho— y ordenó que todo habitante de su reino se postrara y adorara la estatua que él había hecho, y todo el que no se arrodillase ante ella —como está escrito en el Libro de Daniel (3) y en el Libro de Apocalipsis (13)— sería lanzado al horno de fuego ardiente. En el pueblo se tocaban todo tipo de instrumentos musicales y todo el pueblo tenía que arrodillarse o serían lanzados, vivos, a ese horno.

Hubo unas personas malas que acusaron a Sadrac, Mesac, Abed-nego. Ellos se presentaron ante el rey Nabucodonosor y dijeron: "Rey, para siempre vive, ¿no diste tu una orden que en todo tu reino al oír sonar todo instrumento musical todos los habitantes de Babilonia se arrodillasen y adorasen la estatua que levantaste?" Él contesto, "¡Es verdad! Y el que no lo hace sea en la misma hora lanzado al horno de fuego ardiente, que sea calentado siete veces más de lo normal" —así como el sol calentará siete veces más la tierra (Isaías 30: 26).

Los hombres acusadores dijeron, "En tu reino hay tres varones que no te obedecen y tampoco se arrodillan ante tus dioses". Él rey dijo, "¿Quiénes son?"

Ellos contestaron, "Son judíos que trajeron cautivos de Jerusalén hasta aquí, a tu reino, y se llaman Sadrac, Mesac, y Abed-nego. El rey, estando ya con ellos tres, les preguntó, "¿Es verdad, jóvenes, que ustedes no adoran a la imagen que yo, el gran rey Nabucodonosor, levanté? Porque, si no se arrodillan en este momento, serán echados al horno de fuego ardiente, el cual calentaré siete veces más, ¿y qué Dios es aquel que los podrá librar? Los jóvenes respondieron,

"Nuestro Dios, a quien servimos, nos puede librar, y si no nos libra ni así serviremos a tus dioses o imágenes.

El rey se enfureció con los tres jóvenes judíos y mandó a calentar a horno siete veces más de lo común, y mando a que hombres vigorosos los amarraran con sus mantos, calzados, turbantes y vestidos, y los arrojasen dentro del horno de fuego. La orden era pronta y la llama de fuego alcanzó y mató a los hombres fuertes a los que habían lanzado al horno de fuego. Los jóvenes cayeron dentro del horno, amarrados, entonces el rey se levantó de su lugar y dijo a la audiencia: "¿Cuántos varones echaron?" Y la audiencia contestó: "Tres". El rey dijo, "Yo veo cuatro hombres que se están paseando en medio de las llamas de fuego y el cuarto es semejante al hijo de los dioses", y dijo, "lo más increíble es que el fuego no los quema".

El rey, asombrado, se acercó al horno de fuego ardiente y gritó, "Sadrac, Mesac y Abed-nego, hijos del Dios Todopoderoso, vengan, y los jóvenes judíos salieron sin sufrir ningún daño, porque su cabello no se quemó, tampoco su ropa, es más, ni olor a quemado tenían. Dijo el rey, "Bendito es el Dios de ellos, que libró a sus siervos del fuego y aun mandó a su ángel para ayudarles. Y qué fe tan maravillosa la que salvó a estos jóvenes, lo cuales prefirieron morir, sabiendo que, si morimos por la verdad, también la verdad nos resucitará".

Asimismo como Juan el Bautista fue decapitado pero en el reino de Dios está vivo (Marcos 6:22-28). Así como nuestro Dios Salvador Jesucristo, el cual fue muerto y sepultado, pero que al tercer día resucitó y hoy vive en nuestros corazones, sí, amén (Apocalipsis 6:9-11; Libros de los Cuatro Evangelios, San Mateo, San Marcos, San Lucas y San Juan en sus últimos capítulos).

Esta es nuestra fe salvadora

En esa fe creemos, que todo aquel que está vivo y cree en nuestro Dios y Salvador Jesucristo, aunque esté muerto, vivirá, sí, amén. ¿Crees esto?

"Porque si creemos que Jesús murió y resucitó, así también traerá Dios con Jesús a los que durmieron en él" (1 Tesalonicenses 4:14). Luego, entonces con esta fe los jóvenes hebreos glorificaron al Dios de los cielos y el rey Nabucodonosor decretó que: todo pueblo, lengua y nación, adoren al Dios de estos jóvenes judíos llamados Sadrac, Mesac y Abed-nego, porque en todo el mundo no hay Dios que pueda salvar como él y el que hable mal de este Dios sea descuartizado y su casa y sus bienes sean convertidos en muladar; atentamente, el rey Nabucodonosor —ya que todo el reino de Babilonia estaba compuesto por imperios dominando a toda la tierra (Daniel 3:1-30).

Vemos, pues, que la salvación es por fe. Así queda demostrado en los textos anteriores y estas santas líneas, nos guste o no, son infalibles y son absolutamente verdad, ya que el sol se está calentando cada día más y hoy las noticias anuncian el calentamiento global con temperaturas nunca antes vistas. Los glaciares inmensos se desprenden, se deshacen a causa del calor y sus temperaturas elevadas en varias áreas del globo terráqueo, ya sea en el desierto, donde se considera obvio el calor, como en las selvas o en los lugares tropicales, pero hoy en día en lugares no usuales se pueden presenciar estas altas temperaturas de calor, como en las ciudades, pueblos; hoy en día vemos a bosques arder por esas mismas causas, una buena parte de la selva amazónica de Brasil en el año 2022. Pero una parte, una parte increíble, es que el país de Canadá, el cual se jacta de tener un clima frio, el mes de julio del año 2023, fue invadido por el fuego en las ciudades y a zonas urbanas muy importantes. Tanto fue el fuego que se bomberos de las naciones vecinas fueron requeridos para auxiliar y apagar las llamas a causa del intenso calor, del cambio de clima. Ahí vimos al país de Estados Unidos de América dando socorro al país de Canadá en esta calamidad, también al país de México fue en su apoyo con su equipo de bomberos. Así está escrito en la Santa Biblia, lo cual veremos más adelante.

El velo que cubre a las naciones es deshecho, esto lo sustenta perfectamente bien el profeta Isaías (25:27/30:26), lo cual discerniremos un poco más adelante. En esta misma época, cuando el país de Canadá se encontraba ardiendo, la prensa internacional publicaba que, en Europa, España también presentaba grandes calores y temperaturas muy elevadas, así mismo Portugal e igualmente medios informativos comunicaban al mundo estos infortunios. Observamos, por otro lado, años atrás, un tsunami en la región de Indonesia, así como terremotos en México o diferentes tornados en China. Esto es un breve recuento, ya los abordaremos con detalle secuencialmente.

Habiendo así, someramente, la humanidad entera está impactada de cómo las carreteras les sale humo del chapopote. Hoy en día varios vehículos de diferentes toneladas tienen las llantas rotas a causa del calor, se ve que los neumáticos están hechos añicos, así como los cinturones de las llantas: algunas fracciones del caucho aquí, otras allá, algunos otros pedazos de las ruedas dentro de las carreteras, otros en la cuneta, y otros cachos de llantas aún en el campo, sierra, maleza o camino. Nada es más caliente que las carreteras, será quizás por el chapopote. No sé si hoy en día, en este año 2023 del mes de agosto, también vemos y sentimos lo caliente de las calles, de cómo en las calles pavimentadas con cemento se sienten altas temperaturas.

¡Es impactante, el agua cada día está más caliente! Vemos los mares, los océanos, cuya temperatura se eleva, no importa si su situación era antes fría o caliente. Se ve a peces de todo tipo, grandes y pequeños, muertos en la orilla. Como en el mes de julio que las noticias presentaron a varias ballenas muertas a la orilla del mar.

LOS CINCO CONTINENTES

En América, África, Asia, Europa y Oceanía, tremendas afectaciones en todas las zonas. Como mencionamos, ciudades destruidas por temblores, terremotos, hambres, inundaciones, deslaves, actualmente la guerra entre el país de Rusia contra Ucrania; la pandemia de la que el mundo y sus habitantes acabamos de salir y que dejó a millones de personas afectadas o muertas.

Damos gloria a nuestro creador Jesucristo, sí, amén, que dio sabiduría para que la ciencia médica encontrase la vacuna contra ese virus, lo cual no ha sucedido con otras plagas como el sida, el cáncer —y también observamos que hay diferentes tipos de cáncer, sólo por mencionar algunos, son de próstata, de hígado, de colon, de mama, etc. Igualmente está la plaga de sida, sobre la que se oye decir y vemos que algunos que tiene sida se mueren más rápido y otros no, porque son portadores y otros no.

Así miramos, pues, tremendas afectaciones en todo tipo de terreno. En los campos, cosechas se han perdido a causa de las lluvias; algunos dicen chubascos, otros dicen, literal, "se cayó el cielo". Además de estas lluvias muy fuertes, también el granizo destrozó cien cosechas, plantas y árboles. Sí, qué desastroso resulta todo esto, porque a veces los aguaceros traen inundaciones en las calles, arrastrando todo lo que encuentran a su paso, arrancando el pavimento, puentes, casas, edificios, vehículos, personas, animales, etc.

Carestía

O tras veces, la tremenda sequía donde la tierra se parte a falta de agua, y obvio, al no llover, no hay cosechar; no hay semilla, grano, fruto y por ende no hay alimento, y todo sube de precio, pues, al escasear, el agua, el pan y no haber para comer, aumenta la demanda y el precio. Porque al agua el ser humano la contamina, o la desperdiciamos, creando grandes industrias de bebidas embriagantes, etc.

Estos son algunos sucesos del cambio climático, en específico del calor.

Bueno, en el viento el calor se hace más caliente, en las casas donde vivimos necesita uno estar tomando agua, la cual hoy en día tiene que ser comprada a causa de la contaminación. Así está uno constantemente rehidratándose, tomando y tomando líquidos, y en nuestras mismas moradas nos bañamos de tres a cuatro veces para refrescarnos y poder conciliar el sueño, pues a veces no se puede a causa del sudor.

Aun cuando va uno viajando tiene que bajar una ventanilla del vehículo, y antes, en los años sesenta-setenta, el aire era fresco, frío. Hoy en día, al bajar la ventanilla del auto donde viaja uno, el viento es cálido, ya no es fresco. Bueno, aun estando bajo techo, donde el reflejo del sol da a cualquier parte del cuerpo, la piel arde como si se le untara a uno picante.

Antes, no recuerdo si en los mismos años sesenta o en los dos miles, aproximadamente, en las escuelas u oficinas de educación hacíamos honores a la bandera al aire libre, a cielo abierto, y no nos quemaba el sol. Se hacían los desfiles escolares a las once o doce del día y la piel no ardía; a las playas uno podía ir a cualquier hora del día, hoy ya no. El gobierno informa que, para evitar el cáncer en la piel, a causa de los candentes rayos del sol, el uso de las playas se recomienda por la mañana, hasta las once, antes del mediodía, y por las tardes, se decía por el año 2015, después de las cuatro de la tarde, pero hoy, en este año 2023, se recomienda sólo por las tardes estar en la orilla del mar, después de las cinco.

Bueno, sobre este gran calor que aqueja al mundo entero, en este mes de agosto año 2023, se oyen noticias masivas a través de los diferentes medios masivos de comunicación, como la televisión, la radio, la prensa escrita, el internet, etc., que, en la isla de Hawái, ubicada en los Estados Unidos de Norteamérica, algunos títulos de expresión decían "Infierno en Hawái", "Arde Hawái". Los testimonios hablan de que, después de una tormenta, algunos habitantes vieron hacia el cielo y el espacio de color anaranjado por las llamas ardientes de fuego quemándolo todo, sí, quemando y consumiéndolo todo a su paso, todo lo que se interponía en el camino, fuese bosque, casa, edificio, vehículos, animales, seres humanos, así fue monitoreado por drones y en los diferentes videos. El canal 14 del sistema público de radio y televisión en México, a las once en punto cero dos minutos de la noche, decía que hasta la fecha sumaban ya noventa y tres muertos por este gran cambio climático, y que a estos cadáveres era necesario hacerles la prueba del ADN por que no era posible reconocerlos así a simple vista. Otros medios hablaban de veintidós mil edificios quemados; esto comentaban el día once de agosto viernes del año 2023. Así como este suceso se ven otros impactantes eventos por toda la tierra.

Las noticias anunciaban diferentes incendios en Europa, Asia, África, América, todas sobre el calentamiento global y el hecho de que hay una gran alteración en la tierra. Impactante es que haya personas que hablan sobre reinar aquí en la tierra cuando la Santa Biblia ya es el libro que anuncia el futuro y además hace que se cumpla, como ya quedó sustentado en líneas y renglones anteriores.

Ahora nos dice lo que ha sucedido, lo que está aconteciendo y lo que viene. Algunos ejemplos de fuego llameante aquí en la tierra y en el mundo:

- "También salió fuego de delante de Jehová, y consumió a los doscientos cincuenta hombres que ofrecían el incienso" (Números 16:35).

- "Y Moisés extendió su vara hacia el cielo, y Jehová hizo tronar y granizar, y el fuego se descargó sobre la tierra. Y Jehová hizo llover granizo sobre la tierra de Egipto" (Éxodo 9:23).

Hoy, en estos días del mes de agosto, en este año y estos años se ha intensifica el fuego, como lo muestran los noticieros día con día, en diferentes partes de la tierra, también en los diferentes meses del año. Antes se sentía el calor más fuerte en la estación, para el continente americano, de la primavera, que son los meses en los que no se puede ni dormir en las habitaciones de cuatro paredes y techo de loza, aun con puertas y ventanas abiertas. Yo, para poder dormir un poco, sacaba algún colchón o colchoneta y a cielo abierto lo tendía, y colocaba sobre la colchoneta un pabellón —sí, porque además del tremendo calor, las plagas de moscos, del dengue, entre otras muchas como paludismo etc., en fin, pero ese ya es otro tema que de igual forma la Santa Biblia anuncia, profetiza y además hace que se cumpla. Por eso, amigo lector, puedo decir y hablar con toda seguridad, certeza, que todo lo que está escrito en la Santa Biblia o Libro Santo o Libro Sagrado es total y absolutamente fiel y verdadero, todo lo que se dice en este Libro Sagrado nos refiere a que el cielo y la tierra sí pasarán, pero Sus palabras no pasarán.

En el primer libro de cuatro de los Santos Evangelios, que son San Mateo, San Marcos, San Lucas y San Juan, está la biografía de nuestro Salvador y Dios Jesucristo. Pues bien, San Mateo 24:35 nos ilustra que el cielo y la tierra pasarán. Aún más, nos afirma, ¡porqué de cierto les digo que hasta que pasen el cielo y la tierra ni una jota ni una tilde pasará de la ley hasta que todo se haya cumplido! Entonces todo lo que está escrito en este Libro Sagrado o Santa Biblia ha tenido su cumplimento, como lo estamos viviendo con todo lo que nuestro Dios y Salvador Jesucristo predice, adivina, futuriza específicamente con más de veinte señales cumplidas, otras que se están cumpliendo y otras que se cumplirán. Y lo más maravilloso es que, hoy, esta Santa Biblia se puede descargar del internet, ya sea audible o para leer y dejarse llevar, diciéndole, "Espíritu Santo, soy tuyo(a) en el nombre de nuestro Dios y Salvador Jesucristo, guíanos, así como diriges el camino del sol, las veredas u avenida de los ríos, o como lleva las alas del viento las nubes, las cuales tú, Jehová, nuestro salvador, diriges, o así como envías tú, Jehová, Dios de los relámpagos", (Job 38:35). Sí, amén.

Hay que disfrutar de estas certeras profecías (adivinaciones), las cuales se están cumpliendo en todo el mundo, sea en la tierra, montañas, selvas, desiertos, bosques, ciudades, campos, valles etc., o sea en las aguas, océanos, mareas, ríos, barrancas, riachuelos, lluvias, granizo etc. También en los aires, vientos huracanados, tornados levantando animales como vacas, tráileres, casas, etc., torbellinos, ventarrones, deslaves, hundimientos, sin contar tsunamis, temblores, terremotos, en los cuatros ángulos de la tierra, sean al norte, sur, oriente, poniente, o parte central de la tierra, sin contar la guerra del país de Rusia contra Ucrania.

De todas estas grandes profecías anunciadas o grandes predicciones que nuestro Dios y Salvador el Mesías Jesucristo futurizó, ya muchas de ellas se han cumplido, otras tantas se están cumpliendo y otras profecías se cumplirán.

Cumplidas algunas:

- Guerras

- Hambre

- Plagas

- Enfermedades como el cáncer

- Sida

- Ébola

- Diabetes,

- COVID 19

- Influenza

Se están cumpliendo y también se han cumplido:

- Guerra Rusia contra Ucrania

- Hambruna en gran parte del mundo

- Carestía de la vida, sobre todo en el continente de Europa

- Grandes cambios climáticos

- Incendios

Esto queda sustentado a través de diferentes medios informativos, ya sean videos de internet o por la televisión pública o privada, así como computadoras, teléfonos, radios, la prensa escrita y fotográfica, quienes dan testimonios fieles y verdaderos de estas profecías que se están cumpliendo al pie de la letra, como lo anunció nuestro Dios y Salvador Jesucristo.

Muchas otras profecías que se van a cumplir:

- Más guerras

- La guerra de Armagedón (Apocalipsis 16:16)

- Los siete sellos (Apocalipsis 6:1-17)

- Las siete trompetas (Apocalipsis 11:15-19)

- Los ángeles con las sietes plagas postreras (Apocalipsis 15:1-8)

- Las copas de la ira de Dios (Apocalipsis 16:1-21)

Hablando un poco de los sietes sellos:

Primero, el cordero de Dios abrió uno de los ellos, he aquí un caballo blanco y el que lo montaba tenía un arco y le fue dada una corona, salió venciendo y para vencer. Algunos predicadores salen a decir que el que monta ese caballo blanco no es nuestro Dios Jesucristo. Yo también, como predicador, difiero de ellos, ya que hay muchos textos que confirman que nuestro Dios y Salvador Jesucristo a él están sujetos; todo dominio, toda autoridad, y potencia, sí, amén (1 Corintios 15:24; Colosenses 1:15-19; Apocalipsis 19:11-21).

Segundo. "Cuando abrió el segundo sello, oí al segundo ser viviente, que decía: Ven y mira. Y salió otro caballo, bermejo; y al que lo montaba le fue dado poder de quitar de la tierra la paz, y que se matasen unos a otros; y se le dio una gran espada" (Apocalipsis 6:3-4).

Tercero. "Cuando abrió el tercer sello, oí al tercer ser viviente, que decía: Ven y mira. Y miré, y he aquí un caballo negro; y el que lo montaba tenía una balanza en la mano. Y oí una voz de en medio de los cuatro seres vivientes, que decía: Dos libras de trigo por un denario, y seis libras de cebada por un denario; pero no dañes el aceite ni el vino" (Apocalipsis 6:5-6).

Cuarto. "Miré, y he aquí un caballo amarillo, y el que lo montaba tenía por nombre Muerte, y el Hades le seguía; y le fue dada potestad sobre la cuarta parte de la tierra, para matar con espada, con hambre, con mortandad, y con las fieras de la tierra" (Apocalipsis 6:8).

Quinto. "Cuando abrió el quinto sello, vi bajo el altar las almas de los que habían sido muertos por causa de la palabra de Dios y por el testimonio que tenían. Y clamaban a gran voz, diciendo: ¿Hasta cuándo, Señor, santo y verdadero, no juzgas y vengas nuestra sangre en los que moran en la tierra? Y se les dieron vestiduras blancas, y se les dijo que descansasen todavía un poco de tiempo, hasta que se completara el número de sus consiervos y sus hermanos, que también habían de ser muertos como ellos" (Apocalipsis 6:9-11).

Sexto. "Miré cuando abrió el sexto sello, y he aquí hubo un gran terremoto; y el sol se puso negro como tela de cilicio, y la luna se volvió toda como sangre; y las estrellas del cielo cayeron sobre la tierra, como la higuera deja caer sus higos cuando es sacudida por un fuerte viento. Y el cielo se desvaneció como un pergamino que se enrolla; y todo monte y toda isla se removió de su lugar. Y los reyes de la tierra, y los grandes, los ricos, los capitanes, los poderosos, y todo siervo y todo libre, se escondieron en las cuevas y entre las peñas de los montes; y decían a los montes y a las peñas: Caed sobre nosotros, y escondednos del rostro de aquel que está sentado sobre el trono, y de la ira del Cordero; porque el gran día de su ira ha llegado; ¿y quién podrá sostenerse en pie?" (Apocalipsis 6:12-17).

Séptimo. "Cuando abrió el séptimo sello, se hizo silencio en el cielo como por media hora. Y vi a los siete ángeles que estaban en pie ante Dios; y se les dieron siete trompetas. Otro ángel vino entonces y se paró ante el altar, con un incensario de oro; y se le dio mucho incienso para añadirlo a las oraciones de todos los santos, sobre el altar de oro que estaba delante del trono. Y de la mano del ángel subió a la presencia de Dios el humo del incienso con las oraciones de los santos. Y el ángel tomó el incensario, y lo llenó del fuego del altar, y lo arrojó a la tierra; y hubo truenos, y voces, y relámpagos, y un terremoto" (Apocalipsis 8:1-5).

Hablando un poco de las siete trompetas de fuego, azufre, muerte y truenos: "Y los siete ángeles que tenían las siete trompetas se dispusieron a tocarlas. El primer ángel tocó la trompeta, y hubo granizo y fuego mezclados con sangre, que fueron lanzados sobre la tierra; y la tercera parte de los árboles se quemó, y se quemó toda la hierba verde" (Apocalipsis 8:6-7).

Los calores y los incendios que hoy se ven y se sienten, quemantes, ardientes en nuestras pieles aun en días nublados, no son nada comparado con lo que viene. Nuestro Dios y Salvador Jesucristo profetizó lo que en cielo y tierra pasará, y nosotros ya nos damos cuenta que en días nublados y bajo techo de loza de doce centímetros de grosor la piel arde como el sol quemante.

"El segundo tocó la trompeta y una gran montaña ardiendo en fuego fue lanzada al mar, así que, cuando cayó al agua, esta se convirtió en sangre, muriendo así la tercera parte de todo ser viviente que había en el mar, así como la tercera parte de las naves fueron destruidas" (Apocalipsis 8:8-9).

"El tercero tocó la trompeta y cayó del cielo una gran estrella ardiendo como antorcha, cayendo sobre la tercera parte de los ríos y sobre las fuentes de las aguas" (Apocalipsis 8:10).

"El cuarto tocó la trompeta y fue herida la tercera parte del sol, la tercera parte de la luna y la tercera parte de las estrellas se oscurecieron y no hubo luz en la tercera parte del día e igual en la noche "(Apocalipsis 8:12).

"El quinto ángel tocó la trompeta y Juan vio una estrella que cayó del cielo a la tierra, esta vez no al mar, no a las aguas, y se le dio la llave del pozo del abismo y subió humo del pozo como humo de un gran horno. Se oscureció el sol y el aire por el humo del pozo y del humo salieron langostas sobre la tierra, y se les dio poder como tienen poder los escorpiones de la tierra. Y se les mandó que no dañasen a la tierra, ni a cosa verde alguna, ni a ningún árbol, sino solamente a los hombres que no tenían el sello de Dios Todopoderoso en sus frentes. Y se les fue dado, no que los matasen, sino que los atormentasen cinco meses; y su tormento era como tormento de escorpión cuando hiere al hombre. Y en aquellos días los hombres buscarán la muerte, pero no la hallarán; y ansiarán morir, pero la muerte huirá de ellos (Apocalipsis 9:1-6).

"El aspecto de las langostas era semejante a caballos preparados para la guerra" (Apocalipsis 9:7)., dice el apóstol San Juan, a quien nuestro Dios y Salvador, Jesucristo, le dio esta revelación del libro de Apocalipsis. A Juan se le dice Juan el teólogo. Teólogo es una persona que se dedica a la teología y la teología es una ciencia que trata de Dios y del conocimiento que el ser humano tiene sobre él.

"Así vi en su visión, los caballos y a sus jinetes, los cuales tenían corazas de fuego, de zafiro y de azufre. Y las cabezas de los caballos eran como cabezas de leones; y de su boca, salía fuego, humo y azufre". Hasta aquí es el sexto ángel y la sexta trompeta.

Esto es un poco del fuego, calor, cambio climático, humo, azufre, que viene a la tierra y a todos sus moradores en los aires, aguas, tierra; así desde la hierba, plantas, animales, peces, aves, etc.; cerros, montañas, selvas, bosques, ciudades, etc. Nadie escapa, la única salvación es Jesús, es la puerta de las ovejas, "el que por mí entrará y saldrá y hallará pastos"(Evangelio 10:9).

"Y se airaron las naciones, y tu ira ha venido y el tiempo de juzgar a los muertos y dejará el galardón a tus siervos, los profetas, a los santos y a los que temen tu nombre, a los pequeños y a los grandes, y destruir a los que destruyen la Tierra" (Apocalipsis 11:18). "Y el templo de Dios fue abierto en el cielo y el arca de su pacto se veía en el templo y hubo relámpagos, voces, truenos, un terremoto y grande granizo" (Apoc. 11:15). Aquí concluimos un poco sobre el gran calor que viene y que hoy se vive, como decimos, en el transcurso de los días y aun bajo techo de cemento de más o menos diez cm de espesor. La piel nos arde y eso que aún creo que no se ve ninguno de los siete sellos, o no lo sé. Si Dios Nuestro Salvador Jesucristo nos permite y nos da de su sabiduría, inteligencia, conocimiento, nos revela sus santas palabras, ¡reto escribiendo o a quien el Dios de los cielos escoja para hablar de él!

Juan el teólogo, dice: "Entonces me fue dada una caña semejante a una vara de medir y se me dijo: levántate y mide el templo de Dios, y el altar, y a los que adoran en él".

Apocalipsis once nos dice que, tras las plagas, a sus cuerpos muertos, después de tres días y medio, entró en ellos espíritu de vida mandado por el Dios del cielo y se levantaron sobre sus pies, aunque creo que no hay escritura que pueda sustentar este tremendo acontecimiento.

Abundando más en el gran calor que ha de aumentar día con día y cómo estos dos profetas y mis dos testigos, dice Dios, "Sale fuego de su boca de ellos y devoran a sus enemigos" (Apocalipsis 11:5). Este tremendo acontecimiento tampoco se ha llevado a cabo.

Ascensiones

Pero enfatizaré aún más con estos dos testigos del Dios de todos los cielos, que envió su potente voz a estos resucitados y la potente voz, les dice: "Subid acá", y subieron, sí, en presencia de todos sus enemigos subieron al cielo. Esto lo Apocalipsis 11:12.

De igual forma, este majestuoso espectáculo creo que no existe registro de que ya haya sucedido. Lo que sí aconteció y hay registro de ello es de cuando nuestro Dios y salvador Jesucristo es levantado en una nube, viéndolo sus discípulos (Lucas 24:50-53). La Ascensión.

Otra ascensión es la de Elías, segundo libro de Reyes 2:11. "Y aconteció que yendo ellos y hablando, he aquí un carro de fuego con caballos de fuego, apartó a los dos; y Elías subió al cielo en un torbellino." O la ascensión de Enoc, en el libro santo de Génesis. Dice: "Caminó, pues, Enoc con Dios y despareció, porque le llevó Dios."

Estas son algunas ascensiones, escapando de la maldad de este mundo y su cansancio como nuestro Dios Jesucristo salvándose de la maldad de este mundo que lo escupió, lo golpeó y lo crucificó; o como el profeta Elías, cansado de tanta ignominia, lo mismo que Enoc.

Hoy también esperamos que, en sus eternas misericordias, seamos dignos de que a la hora que venga nuestro Salvador y Dios Jesucristo tengamos esa ascensión, como lo anuncia la Santa Biblia en sus diferentes escrituras. Aquí hago referencia a sólo algunas. Otros hablan de la asunción de María, de lo cual tampoco hay sustento en la Santa Biblia.

Primera de Tesalonicenses 4:17: "Luego nosotros, los que vivimos, los que hayamos quedado, seremos arrebatados juntamente con ellos en las nubes para recibir al Señor en el aire, y así estaremos siempre con el Señor". ¡SÁLVESE EL QUE PUEDA!

¡Esta es la única forma de escapar del calor que está quemando la tierra!, y los grandes, los ricos, los "poderosos" de este globo terráqueo lo saben. Por eso están invirtiendo en tanta nave espacial, naves marinas, bunkers, etc. Saben que todo esto se está acabando. La única esperanza de salvación no es con dinero, no es con riquezas, no es con arrogancia, y altivez, ¡es con humildad, con sencillez! Y si confesando con nuestra boca, decimos: "Dios de los cielos, que mandas el calor, el fuego, el granizo, los fenómenos naturales, me arrepiento con todo mi corazón sincero de todas mis maldades, perdóname mis pecados muy rojos y negros y ayúdame a creer en ti Dios nuestro salvador Jesucristo y a creerte en tu santa biografía, escrita en San Mateo, San Marcos, San Lucas y San Juan.

Ascensión perfecta

E s esta la forma correcta de ascensión de la raza humana, es esta la única forma segura en que el Dios del universo garantiza al ser humano poder salvarse y ascender al cielo.

Decimos: Dios Nuestro Salvador Jesucristo, por favor escribe nuestro nombre en el libro de la vida. Yo me llamo _____ y te doy verdadera posada en mi corazón, en todo mi ser.

Cito una referencia más de ascensión, en el libro de San Mateo 24:30-31: "Entonces aparecerá la señal del hijo del hombre en el cielo; y entonces, lamentarán todas las tribus de la tierra, y verán al hijo del hombre viniendo sobre las nubes del cielo, con poder y gran gloria. Y enviará a sus ángeles con gran voz de trompeta y juntarán a sus escogidos, de los cuatro vientos, desde un extremo del cielo al otro."

Aún hay más santas escrituras sobre cómo algunos han ido al más allá y han regresado, como Moisés y Elías (San Mateo. 17:3), pero por el momento ese no es el tema. Y así nuestro Señor Salvador y Dios Jesucristo, nos preste la vida, lo haremos, amén. La única salvación es por fe.

Vemos pues, afirmamos, que la única salvación de este mundo es por fe, por creerle a nuestro Dios y Salvador Jesucristo, creer en sus santas palabras de vida, esperanza, socorro, auxilio, seguridad, santidad divina, etc. Jesús lo dijo: "Si puedes creer, al que cree, todo es posible" (Evangelio de San Marcos).

Hoy mismo, en cualquier lugar del mundo y a cualquier momento que va, amigo o hermano, separado del mundo, pero cerquita del corazón de Jesucristo, esté leyendo este libro y disfrutando de sus mieles, teniendo esperanza y seguridad, otros estarán padeciendo algún fenómeno natural, catástrofe, guerra o rumor de guerra o alguna pérdida irreparable. Por eso sostenemos con firmeza que la única salvación es por fe, para todo aquél que guste, en este momento, amigo lector, que usted decida hablar con Dios, hágalo con el pensamiento o en su corazón, Él le escucha con atención. Y en este momento de íntima comunión de plática placentera entre usted y Dios, si es muy sincero con Él, Él observará su actitud correcta y usted sentirá cómo Dios lo toca, así como Dios manda el viento que no vemos, pero sentimos el aire. Usted sentirá la plenitud de Dios salvándolo, haciéndole sentir esa seguridad, el toque maravilloso del Espíritu Santo quedándose en nuestro corazón.

Una vez lograda esta experiencia, tendrá la plena garantía de salvación; y sabemos que vendrán ríos, soplarán vientos, como a nuestro señor Jesucristo, aún hasta lo crucificaron y murió terrenalmente, pero el mundo entero sabe que al tercer día resucitó y su cuerpo tenía carne, hueso y era su misma figura solo que, ahora resucitado, ya que muestra sus manos con la impresión de los clavos, mas aún tenía dientes ya nuestro salvador y Dios Jesucristo resucitado, pues comió parte de un pez asado (Lucas 24:36-53). Entonces vemos que la muerte, no tuvo poder sobre él. Y él, dice: "Y el que vivo, y estuve muerto; mas he aquí; que vivo por los siglos de los siglos, amén. Y tengo las llaves de la muerte y del Hades" (Apocalipsis 1:18).

En esta enseñanza de que la única salvación es por fe, por creer en Dios y creerle a la Santa Biblia, obsérvese bien a la Santa Biblia, porque no todas las Biblias son iguales como no es igual leche sacada de la vaca, que la leche sacada de la industria, pero, en fin, ese también es otro tema, si nuestro Padre Celestial Jesucristo nos permite, lo abordaremos.

La única salvación es por fe.

Recordamos a los tres jóvenes de Israel, a Sedra, Mesac, Abed-Nego, y cómo el rey Nabucodonosor de Babilonia los lanzó al fuego, el cual encendió siete veces más de lo normal, y cómo el fuego no tuvo poder sobre ellos ni sus vestidos, cabellos, calzado, tenían olor a humo (Daniel 3:1-30).

La única salvación es por fe. Cito un ejemplo más de nuestra salvación por fe, hecha por Yahvé o Jehová, después por nuestro Salvador y Dios Jesucristo y hoy por el Espíritu Santo, sí, amen. Vemos este ejemplo en el libro de Éxodo, 14:1-31, que empieza: "Hablo Jehová a Moisés diciendo: di a los hijos de Israel que den la vuelta y acampen delante de pi-hahirot, entre migdol y el mar hacia Baal- zefon; delante de él acamparan junto al mar porque faraón dirá de los hijos de Israel: encerrados están en la tierra, el desierto los ha encerrado y yo endureceré el corazón del faraón para que los siga; y seré glorificado en faraón y en todo ejército, sabrán los egipcios que yo soy Jehová. Y ellos lo hicieron así". Tras estos versículos, se narra cómo ayuda Jehová a Moisés a ahuyentar a los egipcios.

Bajo estos pocos grandes ejemplos poderosísimos: 1. venció a la muerte, resucito al tercer día Nuestro Salvador y Dios Jesucristo; 2. el horno de fuego no tuvo poder sobre estos tres jóvenes hebreos del país de Israel, y aunque fue calentado siete veces más de lo normal, y como sus llamas de fuego sí alcanzaron y quemaron a las personas fuertes que cargaron y lanzaron al horno, a Sadrac, Mezac, Abec-nego, vemos cómo estos jóvenes creyeron en Dios Todopoderoso, que a los que tenemos fe en Nuestro Dios y Salvador Jesucristo nos salva, no así a los incrédulos y asépticos, como el fuego los mato y a ellos; 3. vemos cómo la muerte no tuvo poder en nuestro Salvador y Dios Jesucristo, quien resucitó y ya no está crucificado, vemos como el fuego o sea la muerte no tiene poder en los que creemos en nuestro Dios Salvador Jesucristo, por ello pido perdón a ustedes, amigos lectores, por repetir tanto esta frase de salvación y fe en nuestro Dios y Salvador Jesucristo porque lo que puedo darle es gloria y honra a "este nombre, en el cual debajo del cielo es el único que hay esperanza de salvación" (Hechos).

Así pues, vemos cómo el agua, el mar rojo obedeciendo al mandato del Omnipotente Dios, replegó sus aguas y el pueblo de Israel pasó por en medio del mar sobre tierra seca, más de seiscientos mil hombres sin contar mujeres, jóvenes, niños, aves, bestias, animales, etc. Pero, intentando hacer lo mismo los egipcios que los persiguieron, introduciéndose hasta la mitad del camino de tierra seca, en medio del mar rojo las aguas se volvieron sobre ellos, ahogándolos, lo cual confirma la Santa Biblia y otras Biblias católicas latinoamericanas, hispanoamericanas, traducciones del Nuevo Mundo, etc.

Así como muchas persona cuentan esta historia divina, hoy en día libros comunes nos platican de este suceso, historias audibles platican de ello, la pantalla chica da cuenta de este gran acontecimiento de igual forma la pantalla grande. Mas, aun hoy, 20 de septiembre del 2023, el internet, a través de sus diferentes dispositivos y aplicaciones, nos confirma la santa y bendita historia de los salvados por fe. Así, hoy en día, como ya hemos escrito, "Jesucristo es el mismo ayer, hoy, y por los siglos", sí, amén.

Creemos que por sus muchas misericordias eternas también nos salva de este cambio climático, de este quemante calor, así como salvó a estos jóvenes del horno de fuego calentado siete veces más de lo normal. Por qué el sol calentara siete veces más; textualmente, el libro del profeta Isaías dice así: "Y la luz será como la luz del sol, y la luz del sol siete veces mayor, como la luz de sietes días, el día que vendare Jehová la herida de su pueblo, y curaré la llaga que causó" (Isaías 30:36).

Sentimos como día con día y año tras año el sol calienta cada vez más. En México vivió un compositor de canciones y una de sus canciones dice que la luna de octubre es la más hermosa porque se ve la luna llena, grandota, brillante, pero hoy, en estas fechas, observamos que en otros meses también la luna se ve toda grandota, llena de luz y alumbra bastante. Esto es que una vez más la palabra de Dios es certera y que el libro de Isaías tiene razón, como se enfatiza en este texto. En este tiempo observamos que la luz de la luna es más intensa y en diferentes tiempos, pero eso no es toda la intensidad. Focalizamos la atención en esta santa profecía y dice que la luz de la luna será como la luz del sol. Sí, hoy vemos muy claro por las noches, mucho más claro que antes, pero eso no es todo, la luna va a llegar a alumbrar como si fuese de día por las noches, ya que Isaías 30:26, dice muy textualmente que "brillará la Luna como la luz del sol".

"El Sol calentará siete veces más"

E so dicen las santas escrituras de Isaías 30:26, que la luz del sol será siete veces mayor, como la luz de siete días.

Hoy no sabemos la intensidad de calentamiento del astro rey, su avance, pero nuestros cuerpos lo resienten, la piel nos arde con estos rayos de sol tan intensos que aun bajo techo o bajo alguna sombra estamos sudando y la hierba, las plantas, árboles, los mismos peces se encuentran muertos a las orillas de las aguas porque las aguas se encuentran calientes, de igual forma las aves han chocado, muchas de ellas perdiendo su ubicación.

Y bueno, al inicio de este texto hemos ya escrito un poco de cómo los neumáticos truenan en el asfalto por el intenso sol, selvas que se queman, bosques, sierras enteras, ciudades completas arden, etc. No sabemos con certeza en qué fase de la profecía vamos. Como especulando, yo diría que hoy estamos recibiendo la luz del sol de tres días. Con esa fuerza acumulada del sol de tres días vemos todos los estragos que está causando en toda la creación. ¿Qué va a suceder cuándo aumente su calor a más intensidad si hoy ya es insoportable? ¡Y pensar que aún faltan los rayos solares más incandescentes!

La profecía de este versículo dice: "El día que vendaré Jehová o Yahvé, la herida de su pueblo", o sea que esto es de parte de Dios Padre y no es un juego, y si lo que está en juego es nuestra alma, de la cual el gusano nunca muere, "Pero en cuanto a que los muertos han de resucitar, a un Moisés lo enseñó en la zarza, cuando llama al señor, Dios de Jacob. Porque Dios no es Dios de muertos, sino de vivos, pues para él todos viven" (Lucas 20:37-38). "Y los que hicieron lo bueno, saldrán a resurrección de vida; más los que hicieron lo malo, a resurrección de condenación" (Juan 5:29). "Teniendo esperanza en Dios, la cual ellos también abrigan, de qué va a haber resurrección de los muertos, así de los justos como de injustos" (Hechos 24:15). De los Apóstoles, 24:15: "Donde el gusano de ellos no muere, y el fuego nunca se apaga." Libro del Santo Evangelio de San Marcos 9:44, y repite esta santa escritura, muy textualmente, diciendo: "Donde el gusano de ellos no muere, y el fuego nunca se apaga". Libro del Santo Evangelio de San Marcos 9:48, sólo varía el versículo para enfatizar el contexto: "O sea que Dios mismo vendará la herida de su pueblo, y me dijo, estas son sus palabras fieles y verdaderas. Y el señor, el Dios de los espíritus de los profetas ha enviado a su ángel para mostrar a sus siervos las cosas que deben suceder pronto". Libro de Apocalipsis o Revelación, 22:6: "Su ángel se llama Jesucristo", Nuestros Salvador y Dios, sí, amén, y el texto termina diciendo: "y curaré la llaga que Él causó", o sea que Dios mismo hace que el sol caliente siete veces más.

Dios Omnipotente, Omnisciente, Omnipresente lo dice y la misma ciencia también lo afirma con la alta tecnología de estos días, midiendo de continuo el intenso calor con sus equipos técnicos que a cada momento nos avisan sobre las tormentas solares.

Internet dice que la NASA ha registrado dos intensas llamaradas que liberaron una energía equivalente a miles de millones de bombas de hidrógeno. En menos de tres días, la NASA ha registrado dos potentes erupciones solares que interrumpieron las señales de radio y navegación en América del Norte el 12 de agosto de 2023.

ENTONCES, ¿QUÉ VA A PASAR EN 2023 CON EL SOL?

A finales del 2023, sobre el ciclo solar veinticinco, internet dice que la NASA explicó que el sol está despertando de su ultimo sueño. A medida que aumentan las manchas solares y las fulguraciones burbujean en la superficie del sol, se alcanza el pico y los polos magnéticos de la estrella se invierten.

¿Qué pasaría si la mayor tormenta solar de la historia sucede hoy? Internet dice: Las tormentas solares, en palabras de la NASA, son capaces de interrumpir redes de energía, comunicaciones y GPS, y provocar deslumbrantes auras. Si tuviéramos hoy una tormenta parecida a la que tuvo lugar en 1859, la vida se paralizaría.

Aquí se confirma lo que dice la segunda carta del Apóstol San Pedro, capítulo tres, textualmente. Internet dice: las tormentas solares; la Santa Biblia dice, 2 Pedro 3:10-18, se interrumpieron redes de energía: "los cielos pasarán con grandes estruendos". Hoy vemos, oímos, sentimos estruendos fuertes de los cielos y nos quedamos sin luz y sin ninguna tecnología que ocupe luz.

Comunicaciones: "y los elementos ardiendo serán deshechos". ¿Qué elementos? Todos los elementos del aire, del espacio sideral, aguas, tierra. Ya hemos citado al comienzo de este libro cómo los neumáticos de vehículos hemos visto reventar en movimiento.

La Santa Biblia dice eso en 2ª de Pedro, 3:10-15 y los neumáticos de vehículos no soportan el intenso calor, esas llantas están hechas de caucho reforzado, pero, ¿qué elemento podrá soportarlo? Todo se quemará: satélites, cohetes espaciales, aviones, trasportes terrestres, acuáticos, barcos, motos, submarinos, etc. Hoy estamos viviendo estragos en el cambio climático en todos niveles, áreas y elementos.

GPS: o sea, toda comunicación de tecnología se interrumpirá en el mundo y quedaría sin comunicación ni ubicación. Todo quemado, todo deshecho. Provocaría deslumbrantes auroras boreales: "Y la tierra y las obras que en ella hay serán quemadas". Notemos que, en este versículo de 2ª carta del Apóstol San Pedro, continúa profetizado, o sea, anunciando "que la tierra y las obras que…"

Internet dice: si tuviéramos hoy una tormenta solar parecida a la de 1859., la vida se paralizaría; la Santa Biblia dice, en la 2ª de Pedro, 3:10-16: "En ella hay serán quemadas", bueno, nos damos cuenta de cómo la tierra es hoy quemada; "fuego cae del cielo granizo; con fuego, como las plagas de Egipto" (Éxodo 9:23).

Esto es, como ya hemos hecho referencia, que el sol, un elemento, aumentará su calor con la intensidad de siete días en aumento de calor o, como ya hicimos referencia, la ciencia dice que el sol está haciendo explosiones o también le llaman tormentas solares. Y este es un elemento, como dice 2ª de Pedro (12:3) e Isaías (30:26).

Otro elemento ardiendo es y será la luna, ya que estas citas nos han dicho que también la luz de la luna será como la luz del sol, y otros elementos serán quemados y fundidos, como astros, constelaciones, planetas, asteroides, estrellas, dice el profeta Abdías: "Si te remontar es como el águila, y aunque entre las estrellas pusieras tu nido, de ahí te derribaré, dice Jehová". La Santa Biblia dice en 2ª de Pedro, 3:10: "Que aparte de los cielos y sus obras quemadas, fundidas como ya leímos; también la Tierra son ya quemadas y el mundo". Ya estamos viendo los estragos del calentamiento global en selvas quemadas, bosques quemados, sierras quemadas, campos quemados, ciudades, pueblos, barrios, etc.; animales quemados, aves, peces, plantas, árboles, hierba, seres humanos etc.; explotando neumáticos y otros muchos elementos más de la Tierra siendo fundidos, estas son obras de la Tierra exterminadas: GPS, satélites etc.

Más obras que hay en la tierra, como el agua, Amos 9:3: "Si se esconden en la cumbre del monte Carmelo, allí los buscaré y los tomaré; y aunque se escondieren del delante de mis ojos en lo profundo del mar, allí mandaré a la serpiente y los morderá". Y más adelante: "Aunque cavasen hasta el Seol, de allá los tomará mi mano; y aún que subieron hasta el cielo, de allá los haré descender. Y si fueren en cautiverio delante de sus enemigos ahí mandaré la espada, y los matará; y pondré sobre ellos mis ojos para mal, y no para bien. El señor, Jehová de los ejércitos, es el que toca la Tierra y se derretirá, y llorarán todos los que en ella moran; y crecerá toda como un río, y mermará luego como el río de Egipto."

¿Dónde está, entonces, la escapatoria?

No hay escapatoria humana, la única salida es a través de la fe. ¡Jesucristo es la puerta de la salvación y única esperanza! "Yo soy la puerta, el que por mí entrare, será salvo. Y entrará, y saldrá, y hallará pastos", atentamente digo Yo, tu Santo Salvador y Dios. Jesucristo, sí, amén (Juan 10:9)

De cierto, De cierto les digo: el que no entra por
la puerta en el redil de las ovejas, sino que sube
por otra parte, ese es ladrón y salteador.

Más el que entra por la puerta,
El pastor de las ovejas es.

A este abre el portero, y las ovejas oyen su voz;
y Asus ovejas llama por nombre, y la saca.

Y cuando ha sacado fuera todas las propias,
va delante de ellas; y las ovejas le siguen,
porque conocen su voz.

Más al extraño no seguirán, si no huirán de él,
Porque no conocen la voz de los extraños.

Esta alegoría les dijo Jesús; pero ellos no enten-
dieron qué era lo que les decía.

(Juan 1:6)

Entonces, como vemos, no hay otras salvaciones. "Y en ningún otro hay salvación; porque no hay otro nombre bajo el cielo, dada a los hombres, en que podamos ser salvos" (Hechos 4:12). Jesucristo es la única puerta de salvación, como ya lo leímos en estas líneas recientes, anteriores. Jesucristo es la única puerta de salvación, para todo este globo terráqueo. Garantizado.

"Y me dijo: estas son palabras fieles y verdaderas. Y el señor, el Dios de los espíritus de los profetas, ha enviado a su ángel para mostrar a sus siervos las cosas que deben suceder pronto" (Apocalipsis 22:6). Y su santo ángel que Dios Padre envió se llama: nuestro Salvador y Libertador Jesucristo, sí, amén. Porque a un más, confirmo esta única y fielmente puerta de salvación garantizada, dice, reafirmando: "El cielo y la tierra pasaran, pero mis palabras no pasaran" (Mateo 24:35). De esta absoluta y plena salvación garantizada, puerta abierta de nuestro Dios Jesucristo, dice, "Yo soy la puerta; el que por mi entrare será salvo; y entrará, y saldrá, y hallará pastos" (Juan 10:9).

Además dice, "Mis ovejas oyen mi voz, y yo las conozco, y me siguen, y yo les doy vida eterna; y no perecerán jamás, ni nadie las arrebatara de mi mano" (Juan 10:27-28). "¡Vida eterna!", dice Jesucristo, "Vida eterna y no perecerán jamás".

De inicio "vida eterna" la mente humana a lo mejor no lo comprende porque se nos olvida o no acabamos de entender que venimos del Dios Omnisciente y Omnipotente. La mente humana es finita, creemos, pensamos, que al casarse papá y mamá nace un bebé y se nos olvida que existen muchos vientres estériles y también hombres estériles, enfatizamos. Entonces del Omnisciente Dios viene y nace todo: primer grano de maíz, frijol, primera semilla, todo primer hueso de fruta, la misma hierba que hoy es y mañana ya no, así toda ave, todo primer pez, todo primer reptil, primer animal naciendo del increado Dios, y así todo primer ser humano, como el mismo Dios increado lo expone.

"Antes que te formase en el vientre te conocí, y antes que nacieses te santifiqué, te di por profeta a las naciones" (Jeremías 1:5). "Mis embriones vieron tus ojos, y en tu libro estaban escritas todas aquellas cosas que fueron luego formadas, sin faltar una de ellas" (David 139:16). Con estos fundamentos sé que comprendemos que el Omnisciente y Omnipotente nos formó, nos entretejió como una mamá esperando con eterno amor el nacimiento de su bebé. Entre tanto está tejiendo hilada tras hilada, sabiendo que venimos del increíble Dios.

"Que por el existimos. Por qué en él vivimos y nos movemos, y somos; como algunos de nuestros propios poetas también han dicho: por qué linaje suyo somos. Siendo, pues, linaje de Dios, no debemos pensar que la divinidad sea semejante a oro, plata, o piedra, escultura de arte y de imaginación de hombres" (Hechos 17: 28-29).

En él vivimos, nos movemos, somos y a él vamos: "Al que venciere le daré que se siente conmigo en mi trono, así como yo he vencido, y me he sentado con mi padre en su trono. El que tiene oído, oiga lo que el espíritu dice a las iglesias" (Apocalipsis 3:21-22). "Y si me fuere y os prepararé lugar, vendré otra vez, y os tomaré a mí mismo, para que donde yo estoy, vosotros también estéis. Y sabéis a dónde voy, y sabéis el camino" (Juan 14:3-4). Entonces, bien establecido de dónde venimos, en Él nos movemos y a Él vamos.

Venimos del Omnipotente Dios

N os movemos por el Omnisciente Dios, Padre de la naturaleza y mandador de todos los fenómenos visibles e invisibles. A Él, vamos al Omnipresente Dios, al increado Dios. Increado, a Dios nadie lo hizo porque si alguien lo hubiera hecho sería más grande su creador, por eso Dios es Omnipotente, es increado. "Sin padre, sin madre, sin genealogía; que ni tiene principio de días, ni fin de vida, si no hecho semejante al hijo de Dios, permanece sacerdote para siempre" (Hebreos 7:3).

Así es, Dios Padre Increado. En cambio, Dios hijo sí tiene papá, a Dios Padre, y mamá en la carne para nacer y vivir en este mundo. El mismo Dios Hijo dice en su propia biografía de San Juan, "Ahora pues, Padre glorifícame tú al lado tuyo, con aquella Gloria que tuve contigo antes que el mundo fuese" (17:5). Por eso los Cristianos decimos, antes de que el mundo existiera, Jesucristo ya estaba con Dios Padre que la que fue Virgen María es un vaso que Dios usó para hacer nacer a su Santo Hijo Jesús.

Vemos pues, que Dios Hijo sí es creado, hecho por Dios Padre, y tiene principio y tiene fin.. Como él mismo, nuestro Salvador y Dios Jesucristo, lo sustenta diciendo: "Yo soy el alfa y la omega, el primero y el último. Escriben un libro lo que ves, y envíalo a las siete iglesias qué están en Asia: Éfeso, Esmirna, Pérgamo, Tíatira, Sardas, Filadelfia y Laodicea" (Apocalipsis 1:11). Enfatizamos que antes de que el mundo fuese hecho, antes ya existía Dios Padre e hizo a Dios Hijo.

No perecerán jamás

Según internet, los sinónimos de la palabra perecer son: morir, fenecer, dejar de existir, expirar, fallecer. Pero en esta lectura del libro de San Juan 10:28, "Y yo les doy Vida eterna, y no perecerán jamás, ni nadie las arrebatará de mi mano", ya hemos discernido un poco de la vida eterna.

Ahora, con la guianza de nuestro Buen Dios, el Espíritu Santo, sí, amén, veremos la segunda coma de este versículo, a lo cual dice: "y no perecerán jamás".

También ya dilucidamos con internet sobre los sinónimos de la palabra perecerán y sabemos que es morir, fenecer, dejar de existir, expirar, fallecer. Pero en este texto nos dice textualmente, la segunda coma, "no perecerán jamás". O sea, estas palabras fieles y verdaderas, como ya hemos leído, nos dicen: NO.

No moriremos jamás.

No feneceremos jamás.

No expiraremos jamás.

No falleceremos jamás

Sí, siempre existiremos, o sea, somos inmortales gracias Dios nuestro Salvador Jesucristo, sí, amén. Venga a nosotros tu reino, sí, amén.

O sea que, ahora sí, aunque nos caiga un misil, somos salvos. Ahora sí, aunque nos caiga una bomba, somos salvos. Ahora sí, aunque haya guerras, somos victoriosos. Ahora ya nadie te podrá engañar con inventos de otras salvaciones. No hay otras. Ahora nadie te podrá engañar con religiones falsas y sus falsas doctrinas, filosofías y huecas siluetas. Ahora podrá haber pestes, hambres, terremotos, guerras en este mundo, mas ¡estaremos vivos! Como los jóvenes hebreos salieron vivos del horno de fuego; como el pueblo de Israel pasó por en medio del Mar Rojo, en seco; como el profeta Daniel salió vivo del pozo de los leones; como nuestro buen Dios y Salvador nuestro Jesucristo, sí, amén, fue crucificado, muerto, sepultado y resucitado y hoy vive en nuestro corazón, sí, amén.

Este es el único seguro de salvación para todo el mundo. Esta es la única esperanza de vida eterna para todo este globo terráqueo.

Ahora sí, señor Jesucristo, ayúdanos a creer, perdona nuestros pecados rojos o negros, sálvanos y escribe nuestro nombre en tu libro de la vida. "Yo me llamo Francisco. Gracias, gracias por salvarme y darme sabiduría para sentirte, Dios Todopoderoso, te lo suplicamos en el nombre de nuestro Salvador Jesucristo, sí, amén.

Escribe tu nombre, amigo lector: _____.

Por fe y como creyentes de Jesucristo somos salvos, sí, amén. "Y el que no se halló inscrito en el libro de la vida fue lanzado al lago de fuego" (Apocalipsis 20:15). Señor Jesucristo, perdóname y sálvame, sí, amén.

"Ni nadie las arrebatará de mi mano"

D ice la tercera coma de este versículo, del libro de San Juan, capítulo diez, texto Veintiocho: "¡Nadie las arrebatara de mi mano!" Y luego, el Romanos 8:31-39 dice:

Qué, pues, diremos a esto? Si Dios es
por nosotros, ¿quién contra nosotros?

El que no escatimó ni a su propio hijo, sino que
lo entregó por todos nosotros, ¿cómo no nos dará
también con él todas las cosas?

¿Quién acusará a los escogidos de Dios?
Dios es el que justifica.

¿Quién es el que condenará? Cristo es el que
murió; más aún, el que también resucitó, el que
además está la diestra de Dios, el que también
intercede por nosotros.

¿Quién nos separará del amor de Cristo?
¿tribulación, o angustia, o persecución, o
hambre, o desnudez, o peligro, o espada?

Como está escrito: por causa de ti somos
muertos todo el tiempo; somos contados
como ovejas de matadero.

Antes en todas estas cosas somos más que
vencedores por medio de aquel que nos llamó.

Por lo que estoy seguro de que ni la muerte, ni
la vida, ni ángeles, ni principados, ni potestades,
ni lo presente, ni lo por venir.

Ni lo alto, ni lo profundo, ni ninguna otra cosa
creada nos podrá separar del amor de Dios, que
es en Cristo Jesús señor nuestro.

Como ya citamos arriba del libro del Apóstol San Pablo
a los Romanos 8:31-39, entonces, ¿quién nos arrebatará
de su mano?

¿Quién contra nosotros?

¡No escatimó ni a su propio hijo,
sino que lo entregó por nosotros!

Dios padre en su hijo Jesucristo,
nos da todas las cosas.

Dios nos justifica; ¿quién nos acusará?,
¿quién nos condenará?

Resucitó Jesucristo, para ejemplo; porque
ejemplo os he dado para que como yo os he
hecho, vosotros también hagáis; Le dijo Jesús:
yo soy la resurrección y la vida; el que cree
en mí, aunque esté muerto vivirá.

Y todo aquel que vive y cree en mí,
no morirá eternamente, ¿crees esto?

Le dijo Sí, señor; yo he creído
que tú eres el Cristo, el hijo de Dios,
que has venido al Mundo.

(Juan 11:25-27)

"Porque el hijo del hombre vino a buscar y a salvar lo que se había perdido" (Lucas, 19:10).

"No he venido a llamar a Jesús, sino a pecadores al arrepentimiento" (Lucas, 5:32)

"Al oír esto Jesús, le dijo: los sanos no tienen necesidad de médico, sino los enfermos. No he venido a llamar a los justos, sino a los pecadores" (Marcos 2:17). "¿Quién nos arrebatará de su mano?" , intercede Jesucristo por nosotros, sentado a la diestra de Dios Padre.

¿Quién nos separará de dios?

1. Tribulación ni guerras.

2. Angustia ni misiles.

3. Persecución ni bombas.

4. Hambre ni terremotos.

5. Desnudez ni temblores.

6. Peligro ni inundaciones.

7. Espada ni calor.

"Antes, en todas estas cosas somos más que vencedores por medio de aquel que nos amó" (Romanos 8:37).

Con Jesucristo nuestro Dios y Salvador, estamos seguros de que…

1. La muerte ni frío.

2. Ni la vida ni huracanes.

3. Ni ángeles ni enfermedades.

4. Ni principados ni dolores.

5. Ni potestades ni pandemias.

6. Ni lo presente ni sustos.

7. Ni el porvenir ni celos.

8. Ni lo alto ni traumas.

9. Ni lo profundo ni baja o alta presión o depresión.

10. Ni ninguna otra cosa creada nos podrá separar del amor de Dios, que es Cristo Jesús, Señor nuestro".

Este es el único y verdadero seguro de la vida y la vida eterna en la tierra y en este globo terráqueo, concluyendo con eterna certeza que, con nuestro único Dios y Suficiente Salvador Jesucristo, el cual nos da revelación de Sus santas y fieles palabras, ¡nadie nos arrebatará de sus santas manos! "En el mundo habrá aflicción. Estas cosas os he hablado para que en mí tengas paz, en el mundo tendréis aflicción, pero confiad, yo he venido al mundo" (Juan 16:33).

Dice nuestro Señor, "Y bueno, son casi innumerables las aflicciones de este mundo, más las que vienen; y hasta el fin de la guerra, durarán las devastaciones" (Daniel 9:26).

"Y después de las sesenta y dos semanas se quitará la vida al mesías, más no por sí; y el pueblo de un príncipe que ha de venir, destruirá la ciudad y el santuario; y su fin será con inundación, y hasta el fin de la guerra durarán las devastaciones" (Daniel 9:26). "Si hasta el fin de la guerra durarán las devastaciones" o sea, así como hay un Dios Eterno y Salvador, nuestro Jesucristo, también hay un dios destructor, dios destructor o El Enemigo.

"He aquí que yo hice al herrero que sopla las ascuas en el fuego, y que saca la herramienta para su obra; y yo he creado al destructor para destruir" (Isaías 54:16).

Entonces, ¿cuál es el trabajo del destructor? Es eso lo que dice el que hizo al destruidor: "y yo he creado al destruidor para destruir", o sea que el destruidor hace la guerra hasta el fin, y así durarán las devastaciones, como ya lo leímos y sustentamos en textos anteriores.

"Y por otra semana, confirmará el pacto con muchos; a la mitad de la semana hará Cesar el sacrificio y la ofrenda. Después con la muchedumbre de las abominaciones vendrá el destruidor, hasta que venga la consumación, y lo que está determinado se derrame sobre el desolador." ¡Estamos viviendo esta semana!

A los escépticos, incrédulos, ateos, etc., Dios Todopoderoso les dice: "Vivo yo, dice Jehová, el señor, que, con mano fuerte y brazo extendido, y enojo derramado, he de reinar sobre vosotros" (Ezequiel 20:33). Dios Todopoderoso reina sobre el mismo Diablo y hace que este adore y sirva a su Creador.

Entonces Jesús le dijo a Satanás, "Vete, Satanás, porque escrito está, al señor, tu Dios, adorarás y a él solo servirás". El diablo entonces le dijo: "Y he aquí vinieron ángeles y le servían" (Mateo 4:10-11). Y reina Jesucristo sobre la muerte, pues la venció y la muerte no lo pudo retener en su reino de tumba. Hoy va hacia Jesucristo, vive aún más en nuestro corazón, sí, amén.

Nuestro Dios Todopoderoso ¡resucitó! En ese instante que murió en este globo terráqueo pasó vivo a la vida eterna. Escrito está: "Y dijo a Jesús: acuérdate de mí cuando vengas en tu reino. Entonces Jesús le dijo: de cierto te digo que hoy estarás conmigo en el paraíso" (Lucas 23:41-43).

Vemos que Jesucristo nuestro Buen Dios y Suficiente Salvador, sí, amén: dijo al Malhechor: "de cierto te digo HOY estarás conmigo en el paraíso."

Observemos lo que dicen las Santas Escrituras hoy. Y dicen las Santas Escrituras en el Paraíso: para esta tierra que pisamos, resucitó al tercer día, pero para todos los que creemos hoy nace Jesucristo en nuestro corazón, sí, amén.

Reina Jesucristo
sobre la muerte

"Y el que vivo y estuve muerto; más he aquí que vivo por los siglos de los siglos, amén. Y tengo las llaves de la muerte y del Hades" (Apocalipsis 1:18), mas ahora Cristo ha resucitado de los muertos, primicia de los que durmieron, es hecho.

> *Porque por cuanto la muerte entró*
> *por un hombre, también por un hombre*
> *la resurrección de los muertos.*

> *Porque, así como Adán todos mueren,*
> *también en Cristo todos serán vivificados.*

> *Pero cada uno en su debido orden: Cristo las pri-*
> *micias; luego los que son de Cristo en su venida.*

> *Luego el fin, cuando entregue el reino al Dios*
> *y Padre; cuando haya suprimido todo dominio,*
> *toda autoridad y potencia.*

Porque preciso es que él reine hasta que haya
puesto a todos sus enemigos debajo de sus pies.

Y el postrer enemigo que será
destruido es la muerte.

Porque todas las cosas las ha sujeto debajo
de sus pies. Y cuando dice que todas las cosas
han sido sujetadas a él, claramente se exceptúa
aquel que sujetó a él todas las cosas.

Pero luego que todas las cosas le estén sujetas,
entonces también él Hijo lo mismo, se sujetará
al que le sujetó a él todas las cosas, para que
Dios sea todo en todos.

(1 Corintios 15:20-28)

Pero más tremendo es que a los que no quieren que Dios Eterno reine en ellos, Dios respeta su libre albedrío, su juicio, su voluntad, su derecho, arbitrio. Gloria a nuestro Salvador y Bendito Dios Jesucristo, sí, amén.

Arbitrio libre

"Si Balac me diese su casa llena de plata y oro, yo no podré traspasar el dicho de Jehová para hacer cosa buena, ni nada de mi arbitrio, más lo que hable Jehová, eso lo hare yo. Así lo dijo: Balam" (Números 24:13). Dios Todopoderoso respetando el libre albedrío de cada persona a ser creyente o no. Pero si se persiste en ser fanático de la incredulidad, Dios Todopoderoso respetando como un gran caballero la voluntad de cada persona, que toma su decisión, Dios mismo les envía a que crean al "inocuo cuyo poder es por obra de Satanás, con gran poder y señales y prodigios mentirosos".

"Y con todo engaño de iniquidad para los que se pierden, por cuanto no recibieron el amor de la verdad para ser salvos. Por esto, Dios les envía un poder engañoso para que crean la mentira. A fin de que sean condenados todos los que no creyeron a la verdad, sino que se complacieron en la injusticia" (2 Tesalonicenses 2:9-12).

Y crean al dios de este mundo. En los cuales el
dios de este siglo cegó el entendimiento de los
incrédulos, para que no les resplandezca la luz
del Evangelio de la gloria de Cristo,
el cual es la imagen de Dios.

Porque no nos predicamos a nosotros mismos;
sino a Jesucristo como señor y a nosotros como
vuestros siervos por amor de Jesús.

Porque Dios, que mandó que de las tinieblas
resplandeciese la luz, es el que resplandeció en
nuestros corazones, para iluminación
del conocimiento de la gloria de Dios
en la faz de Jesucristo.

(Corintios 4:4-6)

Entonces, fanáticos ateos Dios en toda su sabiduría "no envió a su hijo Jesucristo a condenar a este mundo. Porque no envió Dios a su hijo al mundo para condenarlo, sino que el mundo sea salvo por él."

El que en él cree, no es condenado; pero el que no
cree, ya ha sido condenado, porque no ha creído
en el nombre del unigénito hijo de Dios.

Y esta es la condenación: que la luz vino
al mundo, y los hombres amaron más a las

tinieblas que, a la luz, porque sus obras eran
malas.

Porque todo el que hace lo malo, aborrece
la luz y no viene a la luz, para que
sus obras no sean reprendidas.

Mas el que practica la verdad viene a la luz,
para que sea manifiesto que sus obras
son hechas en Dios. Así que amigos,
no temamos a la luz verdadera.

En el principio era el verbo, y el verbo
era con Dios, y el verbo era Dios.

Todas las cosas por él fueron hechas, y sin él
nada de lo que ha sido hecho, fue hecho.

En él estaba la vida, y la vida era la luz de los
hombres. La luz en las tinieblas resplandece, y
las tinieblas no prevalecieron contra ella.

Hubo un hombre enviado de Dios, el cual
se llamaba Juan. Este vino por testimonio,
para que diese testimonio de la luz, a fin
de que todos creyesen por él.

No era él la luz, sino para que diese testimonio
de la luz. Aquella luz verdadera, que alumbra
a todo hombre, venía a este mundo.

En el mundo estaba, y el mundo por él fue
hecho; pero el mundo no le conoció. A lo suyo
vino, y los suyos no le recibieron.

Más a todos los que le recibieron, a los que
creen en su nombre, Dios les dio potestad
de ser hijos de Dios.

Los cuales no son engendrados de sangre,
ni de voluntad de carne, ni de voluntad
de varón, sino de Dios.

Y a que el verbo fue hecho carne,
y vivió entre nosotros (y vivimos su gloria,
gloria como del hijo único del padre),
lleno de gracia y de verdad.

(Evangelios 1:1-14)

Así que, respetando el libre albedrío, respetando la libertad de decisión de cada individuo, usted decide. ¿Luz o tinieblas? ¿Paz o temor? ¿Blanco o negro. ¿Esperanza o desesperanza? ¿Vida o muerte? ¿Fe o incredulidad? ¿Jesucristo o Diablo? ¿Bendición o maldición? ¿Cielo o infierno? ¿Salud o enfermedad? ¿Socorro o persecución? ¿Consuelo o dolor? ¿Seguridad o peligro, zozobra? ¿Verdad o mentira? ¿Dios o Satanás? ¿Caliente o frío? ¿Salvación o perdición?

"Yo conozco tus obras, que no eres frío ni caliente, ¡Ojalá fueses frío o caliente! Pero por cuanto eres tibio, y no frío ni caliente, te vomitaré de mi boca" (Apocalipsis 3:15).

¡Alguno dirá que Dios no habla!

¿**Y** el enemigo sí? Porque todo buen pensamiento es de Dios. "Toda buena dádiva y todo don perfecto desciende de lo alto, del padre de las luces, en el cual no hay mudanza, ni sobra de variación." (Santiago 1:17).

Entonces vemos que toda buena regalía que Dios nos da en buen pensamiento, en una buena idea, un buen proyecto, un buen deseo, viene de Dios, del Padre de las Luces. Todo este buen regalo que Jesucristo nos da gratis, de buenos deseos, buenos pensamientos, así es como Dios Omnisciente nos está hablando. "Y cuando los hubieron llevado fuera, dijeron: escapa por tu vida; no mires tras de ti, ni pares en toda esta llanura; escapa al monte, no sea que perezcas" (Génesis 19:17).

En el Libro de Job 33:14-33 Dios habla y el diablo también. Oímos decir que escuchaba voces que le decían cosas malas, le gritaban hazlo, pégale, róbale, ponle el pie, golpéalo, etc., entonces debemos discernir la voz de Dios y la voz del malo.

¿Cómo? Todo buen pensamiento, todo buen deseo, toda buena idea, buen proyecto es de Dios. Todo mal pensamiento, todo mal deseo, toda mala idea, todo mal proyecto es de Satanás. Si hacemos bien, agradamos a Dios; si hacemos cosas malas se agrada al Enemigo.

Vosotros sois mis amigos,
si habéis lo que yo les mando.

Ya no os llamaré siervos, porque el siervo
no sabe lo que hace su señor; pero os he llamado
amigos, porque todas las cosas que oí de mi
padre, os las he dado a conocer.

No me elegisteis vosotros a mí, sino que yo os elegí
a vosotros, y os he puesto para que vayáis y llevéis
fruto, y vuestro fruto permanezca; para que todo
lo que pidiereis al padre en mi nombre él os lo dé.

Esto os mando: que os améis unos a otros.

(Juan 15:14-17)

Y nos mandó que predicásemos al pueblo,
y testificásemos que él es el que Dios ha puesto
por juez de vivos y muertos.

De este dan testimonio todos los profetas,
que todos los que en él creyeren, recibirán
perdón de pecados por su nombre.

Y los fieles de la circuncisión que habían venido con
Pedro se quedaron atónitos de que también sobre los
gentiles se derramase el don del espíritu santo.

Porque los oían que hablaban en lenguas,
y que magnificaban a Dios.

Entonces respondió Pedro: ¿puede alguno impedir
el agua, para que no sean bautizados estos que han
recibido el espíritu santo también con nosotros?

Y mandó a bautizarles en el nombre
del señor Jesús. Entonces le rogaron
que se quedase por algunos días.

(Hechos 10:42)

"Un mandamiento nuevo os doy: que os améis unos a otros; como yo os he amado, que también os améis unos a otros. En esto conocerán todos que sois mis discípulos, si tuviereis amor los unos con los otros" (Juan 13:33-34).

GRANDES CALORES

Se anuncia en la televisión nacional, en un canal respetado: con hasta 45 grados al norte de México. Hoy, 27 de febrero 2024, estamos a 30 grados centígrados en la Ciudad de México. A las 22:26 horas se compartió está foros informativos de cinco olas de calor en los meses de marzo a junio del 2024.

Así se escucha hoy viernes 1ro de marzo 2024:

El noticiero informa sobre cinco incendios forestales activos a estas fechas en Oaxaca, más otros ochenta y nueve comentados en la República Mexicana.

Nuevo récord de incendios forestales en febrero 2024, casi tres mil en la Amazonia brasileña, 3 de mar 2024. Tras registrar una sensación térmica de 60.1 grados centígrados en Río de Janeiro el sábado, el domingo las playas brasileñas marcaron un nuevo récord al alcanzar los 62.3 grados centígrados el 21 de marzo 2024.

Al ver registros históricos, se tiene que de 1970 a 2023 se registraron 7,080 incendios en promedio cada año, siendo los años más críticos 2011 (con 956,405 hectáreas afectadas); 1998 (con 849,632) y 2023 (1,047,493). El cambio climático es una de las causas del aumento del calor en el mundo. Hoy sentimos más calor por qué el calentamiento global hoy en día es más intenso. La actividad humana provocara la aceleración de este proceso y la tierra no tiene los mecanismos adecuados para revertir sus efectos.

¿Por qué está haciendo tanto calor en el mundo?

Uno de los temas que atrapa hoy la mirada de la sociedad es el aumento de la temperatura en el planeta: ¿por qué hace tanto calor en el mundo? Para responder a ellos recordemos dos conceptos: cambio climático y calentamiento global.

A veces pensamos que el cambio climático es igual al calentamiento global, pero no es así, tenemos que considerar que uno es consecuencia del otro. El cambio climático es un proceso que ocurre en el tiempo geológico de la tierra y se da de manera natural. Nuestro planeta puede calentarse o enfriarse paulatinamente y de él se deriva el calentamiento global. El cambio climático es una de las causas del aumento del calor en el mundo. Hoy sentimos más calor por qué el calentamiento global hoy en día, es más intenso. La actividad humana provoca la aceleración de este proceso y la tierra no tiene los mecanismos adecuados para revertir sus efectos.

¿Y desde cuánto se viene produciendo este incremento?

Una de las teorías es que esto se intensificó a partir de la revolución industrial. Es un buen punto de vista. Solo que toda esa revolución industrial, ¿hace que el calor que viene de arriba, que los rayos solares hoy en día estén quemando y que los rayos solares gamma, violeta y ultra violeta, suban al sol que está, según la ciencia, a millones de la tierra, y harán que el sol emita rayos candentes, tormentas de calor, olas de calor? ¿O se cumple, como hemos sustentado, lo que dice en Isaías 30:26? "Y la luz de la luna será como la luz del sol, y la luz del sol siete veces mayores, como la luz de siete días, el día que vendaré Jehová la herida de su pueblo, y curare la llaga que el causo. Y destruirá en este monte la cubierta con que están cubiertos todos los pueblos, y el velo que envuelve a todas las naciones."

Causas de la destrucción de la capa de ozono: profecía bíblica cumplida. De una o de otra forma, sea científica o espiritual, el caso es que nuestro planeta arde. Las dos explican cuáles son las causas del deterior de la capa de ozono y del agujero que se abrió en esta y que nos está costando cerrar más de lo que nos gustaría.

Si le interesa conocer todo sobre el deterioro acelerado de la capa de ozono, desde sus causas hasta los gestos cotidianos para frenarla y ayudar de este modo a qué la capa de ozono se recupere, yo pregunto: ¿es verdad que la capa de ozono se recuperará? Porque, pues, sentimos la cruel y desolada realidad de nuestro planeta, que los diferentes informativos dicen: México arde, Brasil arde, EUU Hawái arde, etc.? Y pues quisiera no pecar de necio, pero así está escrito fielmente.

"Y bueno también sé que los hombres se están quemando y no se van arrepentir. Levántate, oh espada, contra el Pastor, y contra el hombre compañero mío, dice Jehová de los ejércitos, (Dios padre). Hiere al pastor, y serán dispersadas las ovejas, y haré volver a mi mano contra los pequeños. Y acontecerá en toda la tierra, dice Jehová, que las dos terceras partes serán cortadas en ella quedará en ella. Y meteré en el fuego a la tercera parte, y los fundiré como se funde la plataforma, y los probaré como se prueba el oro. El invocará mi nombre, y yo le oiré, y diré: pueblo mío; y el dirá Jehová es mi Dios" (Profetas 13:7-9).

Entonces aquí vemos que la ciencia sostiene que se puede revertir; la ciencia dice que el calentamiento global, es por la industrialización, y pues vamos a aceptar sin conceder. La Santa Biblia anuncia este sobrecalentamiento global, lo profetiza casi ochocientos años antes de nuestro Salvador y Dios Jesucristo, o sea, casi hace 2,800 años y habla de que el sol calentará como el calor de siete días y que la luz de la luna será como la luz del sol.

Coincidencias entre la ciencia y la Santa Biblia

Es que la verdad, el mundo de las aves, humanos, peces, animales, plantas, árboles etc., se están quemando con las selvas. El sobrecalentamiento global cambió climático, fenómenos del niño, niña, canícula, agujeros negros, destrucción de la capa de ozono y rayos solares, gamma, violeta, ultra violeta, tormentas solares, olas de calor: el mundo está muriendo con olas magnéticas. Y está coincidencia es innegable, pues sea la ciencia o lo diga la Santa Biblia, aquí escéptico, ateos, incrédulos o creyentes todos sentimos y vemos, oímos el lamentar de la gente, sus quejas de este tremendo calor, de los ardientes incendios, en las diferentes partes del mundo.

Se cumple sí o sí, de una u otra forma, lo que está escrito, y si hoy, sábado 13 de marzo 2024, sentimos estragos al vivir y sentir este sofocante calor: sea la ciencia que siente estos estragos y le da difusión o la santa biblia que profetiza que viene más calor, como está escrito, más el sol aumentará siete veces más su intensidad y aún no es el infierno. Porque aquí dice: "El cuarto ángel derrame su copa sobre el sol, al cual fue dado quemar a los hombres con fuego. Y los hombres que se quemaron con el gran calor, y blasfemaron el nombre de Dios, que tiene poder sobre estas plagas, y no se arrepintieron para darle gloria" (Apocalipsis 16:8-9).

Evento Carrington: la tormenta solar más potente de los últimos mil años.

A lo largo de la historia, las tormentas solares tuvieron distintos impactos en la atmósfera terrestre y en los seres que habitamos el planeta. Sin embargo, en los últimos mil años el evento Carrington fue la tormenta solar más potente.

Lleva ese nombre por el astrónomo que la detectó, Richard Carrington. Pero antes, una aclaración: las tormentas geomagnéticas, también conocidas como tormentas solares (ósea que si, en lugar de ser tormentas de lluvia o tormentas de arena de los desiertos) no son tormentas solares, son perturbaciones del campo magnético de la tierra. Se generan cuando las erupciones solares emiten mayor cantidad de partículas, alterando el campo magnético de nuestro planeta.

Así, durante el evento Carrington, la cantidad de partículas que recibió la tierra, hace ciento veinticinco años, fue la mayor en el último milenio. ¿Qué pasó el 28 de agosto de 1859?

Las auroras boreales suelen verse nada más en los polos terrestre. En la Antártida o en el norte de Noruega, por ejemplo, es posible divisarlas durante el año. Sin embargo, el 28 de agosto de 1859 comenzaron a verse auroras boreales en distintas partes del mundo, como Roma, Santiago de Chile, La Habana, Hawái, Montería. A los cuatro días de divisadas las auroras boreales, el 1ro de septiembre, Richard Carrington estaba avistando un grupo de manchas solares desde su telescopio para luego investigar en profundidad. A determinada hora de la mañana, notó un estallido de luz blanca que emanaba de dos puntos distintos del grupo que observaba. Luego de unos minutos, desapareció, pero los efectos en la tierra los días siguientes fueron enormes.

La ciencia pregunta: ¿qué impacto tuvo el evento Carrington en la tierra?

La ciencia responde: si el evento Carrington hubiera ocurrido en la actualidad, colapsarían todos los sistemas de comunicación de la tierra, que dependen de la tecnología y de los satélites artificiales. Estos dejarían de funcionar, haciendo que la comunicación por radio se corte. Además, se producirán apagones de luz masivos en todo el planeta. Sin embargo, en 1859 el sistema comunicación era muy incipiente, principalmente a través de la red de telegrafía entre América del Norte y Europa. En los días siguientes a la tormenta solar, colapsaron telégrafos y muchos cables además de las estaciones que se incendiaron. El impacto fue tal que quedó registrado en muchos diarios de la época, ya que no había sucedido un evento de semejantes proporciones en los últimos ochocientos años. Ni hablar de qué hubiera ocurrido si viviésemos en Mercurio o Venus, que son los dos planetas más próximos al sol.

La Biblia dice, anuncia, profetiza

E l profeta Isaías lo predijo hace más de 2,700 años. Así escribió en su libro, llamado precisamente Isaías (30:26). En Isaías 25:7 de habla sobre destruir la capa de ozono, o sea el "velo que envuelve a todas las naciones o cubierta de todos los pueblos."

Aquí la ciencia y la Santa Biblia concuerdan, es innegable que lo que profetas de Dios, o sea el Dios toda sabiduría, escribieron y profetizaron, sea cumplido, se cumple y se vaya a cumplir. Así es registrado por los diarios de la época de ayer, hoy, mañana. Pero sabemos que muchos sentirán, como dicen por ahí, el temblor, y ni así se arrepentirán; muchos seguirán siendo incrédulos aun estándose quemando con el gran calor y blasfemarán el nombre de Dios. La Santa Biblia futuriza, anuncia, el futuro y además hace que se cumpla. Ejemplo: Richard Carrington nos demuestra el evento Carrington, el cual nos hace ver con los reportes de los periódicos de la historia cómo los aparatos comunicación de este entonces se quemaron como telégrafos, radios, cables, todo cuanto tenga que ver con la tecnología.

¿Qué pasa hoy en día? Vemos estragos de este gran calor, en la tecnología y lo que se va a ver en el agua, tierra, viento, peces, aves, humanos, animales, bosques etc. Cómo ya se ha mencionado.

La Santa Biblia lo dijo hace casi dos mil años antes de que esté sucediendo en la actualidad. El Apóstol San Pedro lo dice así y lo escribe en su segunda carta (3:10-15): "Pero el día del señor vendrá como ladrón en la noche en el cual los cielos pasarán con grandes estruendos y los elementos ardiendo serán desechos y la tierra y las obras que en ellas serán quemadas".

Entonces la Santa Biblia lo predijo, la ciencia lo demuestra: se cumple lo anunciado por la Santa Biblia o el Libro Santo, y aún falta que muchos elementos sean quemados tanto de arriba como de abajo en la tierra y las aguas. Falta que nótese, "los cielos", no dice "el cielo", dice, "los cielos pasarán con grandes estruendos y los cielos se van a encender y serán desechos y los elementos, siendo quemados, se fundirán. Pero nosotros esperamos según sus promesas, cielos nuevos y tierra nueva, en los cuales mora vive la justicia".

Gracias, Dios nuestro Salvador Jesucristo, perdónanos y ayúdanos a creer y a permanecer en Tu Santo Reino. Me arrepiento de toda maldad y escribe mi nombre en tu Santo Libro de la Vida, yo me llamo: _____. Gracias por escribirlo y ayuda a leer y vivir en tu Santa Biblia, sí, amén.

El noticiero anunció una ola de calor y algunos lugares de México a 45, gracias otros lugares del norte del país que están a 50 grados.

Si me amarais, os habrías s regocijado,
porque he dicho el PADRE mayor es que yo.

Y ahora os lo he dicho antes que suceda,
para que cuando suceda, creáis.

No hablare ya mucho con vosotros; porque viene
el príncipe de este mundo, y el nada tiene en mí.

Mas para que el mundo conozca que amo
al PADRE, y como el padre me mando
así hago, levantaos, vamos de aquí.

(Juan 14:15-31)

Continuando en este concepto de mandar y obedecer, vemos que la Santa Escritura, el Santo Libre, nos dice: "Mira que te mando que te esfuerces y seas valiente; no temas ni desmayes, porque Jehová tu Dios estará contigo en donde quiera que vayas" (Josué 1:9). Nuestro Dios Jesucristo, sí, amén, se hizo obediente hasta la muerte de cruz, por tanto, si hay alguna consolación en Cristo, si algún consuelo de amor, si alguna comunión del espíritu, si algún afecto entrañable, si alguna misericordia, completad mi gozo, sintiendo lo mismo, teniendo el mismo amor, unánimes, sintiendo una misma cosa.

Bueno, como observamos aquí, es todo de mandar y obedecer aún a costa de la propia vida, así está escrito y demostrado por Dios nuestro Salvador Jesucristo, "el cual siendo en forma Dios no quiso considerarse igual a Dios, que lo es y dijo: Al momento de ser apresado: ¿acaso piensas que no puedo ahora orar a mi padre, y que él no me daría más de doce legiones de ángeles? ¿pero cómo entonces se cumplirían las escrituras, de que es necesario que así se haga?" (Mateo 26: 53-54).

Y si consideramos que un solo ángel, mató a 185,000 hombres asirios en el término de una noche, no quiero pensar lo que pasaría con más de doce legiones de ángeles, luchando para salvar a el Salvador del mundo, pero, como Él dice: "Como entonces se cumpliría lo que de Él está escrito" en este Viejo Testamento, miles de años atrás y que hoy tienen cumplimiento y tendrán su fiel cumplimiento.

Pues bien, como en el Libro Santo o la Santa Biblia dice, sí, "que el cielo y la tierra pasaran, pero mis palabras no pasaran" (Mateo 24:35). "Porque de cierto os digo que hasta que pasen el cielo y la tierra, ni una jota ni una tilde pasará de la ley, hasta que todo se haya cumplido" (Mateo 5:18).

"Porque estas palabras fieles y verdaderas, como está escrito: y me dijo: estas palabras son fieles y verdaderas. Y el señor el Dios de los espíritus de los profetas, ha enviado su ángel, para mostrar a sus siervos las cosas que deben suceder pronto" (Apocalipsis 22:6). Bien, bajo este con-texto de mandato y obediencia, vemos que todo debajo del cielo tiene su cumplimiento, como dice el profeta: "Todo tiene su tiempo, y todo lo que se quiere debajo del cielo tiene su hora" (Eclesiastés 3:1).

La profecía dice, confirmando: "Y la luz de la luna será como la luz del sol y la luz del sol siete veces mayor, como la luz de siete días, el día que vendare Jehová la herida de su pueblo, y curare la llaga que el causo" (Isaías 30:26). Dicha 760 años a. C.

"Y destruirá en este monte la cubierta con que están cubiertos todos los pueblos, y el velo que envuelve a todas las naciones" (Isaías 25:7). anunciado 760 años a. C.

"Y los hombres se quemaron con el gran calor, y blasfemando en el nombre de Dios, que tiene poder sobre estas plagas, y no se arrepintieron para darle gloria" (Apocalipsis 16:9), anunciado más de dos mil años d. C.

Ya hemos discernido un poco sobre estos anuncios que hace Dios, a más de dos mil años d. C., y más de 2,700 años a. C. "Y todo debajo del cielo tiene, su cumplimiento". Vemos hoy, por las noches, que la luna ha aumentado su luz. Antes se decía que la luna de octubre era la más hermosa, alumbraba más, pero hoy nos damos cuenta de que la luna brilla más intensamente en diferentes meses del año; y la luz del sol siete veces mayor, como la luz de siete días.

Pues bien, quisiéramos no, a lo mejor, reconocer que esto es cierto. Si fuésemos escépticos, quisiéramos a lo mejor negarnos a estas fieles profecías, si fuésemos ateos, o a lo mejor quisiéramos negarnos a creer en tas fieles palabras, que, como ya hemos sustentado, fueron escritas hace más de 2,700 años; si fuésemos incrédulos.

Reflexión certera

A escépticos, ateos, incrédulos, se les invita a pasear a cielo abierto a medio día, un tiempo considerable y pues que nos platiquen su sentir. Bajo el quemante sol, como ya hemos hablado, ¿cuántas actividades se podrían hacer?

Estas profecías, aunque nos neguemos a reconocer su autenticidad, afirman que, como está escrito y ya lo leímos, los hombres se quemaron con el gran calor, y blasfemaron el nombre de Dios, y no se arrepintieron para pedir perdón, para adorar, para cantarle y darle gloria. ¡Oro a Dios Padre, en el nombre de Dios Hijo, Jesucristo Nuestro Salvador, sí, amén!

Que el Espíritu Santo nos libre y no nos meta en la tentación, nos libre de toda tentación de estarse quemando con el gran calor y aun así a no rendirse, no pedir perdón y blasfemar el nombre de Dios ¡que tiene poder sobre estas plagas! (Apocalipsis 16:9). Porque así está escrito que los hombres, mujeres, se estarán quemando y no se arrepentirán. Dios nuestro Jesucristo nos libre de todo este orgullo, arrogancia, necedad rebeldía, sí, amén.

Sólo Dios nuestro Señor Jesucristo puede vendar la herida de su pueblo para curar la llaga que él causó. Porque, como está escrito, como ya hemos dicho, hace ya más de 2,700 años se anunció que destruirá la cubierta con que están cubiertos todos los pueblos (o sea la capa de ozono). Porque la profecía dice, así se lee hace más de 2,700 años, se predijo que el velo que envuelve a todas las naciones sería destruido (Isaías 25:7).

Bibliografía

Biblia Hispanoamericana. Sociedad Bíblica de España, 2013.

Biblia Thompson. Reina Valera, 1960.

Santa Biblia. Editorial Vida, 1983, renovada por Sociedades Bíblicas, 1988, impresa en China.

Reina Valera 1960. Biblia en Línea, Sociedad Bíblica, https://www.biblia.es/reina-valera-1960.php.